Bernd Sternal
Wolfgang Braun

Burgen

und

Schlösser

der Harzregion

Band 1

Sternal Media

Bibliografische Information der Deutschen Nationalbibliothek
Die Deutsche Nationalbibliothek verzeichnet diese Publikation in der Deutschen Nationalbibliografie; detaillierte bibliografische Daten sind im Internet über dnb.d-nb.de abrufbar.

Impressum:

© 2012 Bernd Sternal
Herausgeber: Verlag Sternal Media
Lektorat: Dr. Detlef Schünemann
Gestaltung und Satz: Sternal Media, Gernrode
                    www.sternal-media.de
                    www.harz-urlaub.de

Rekonstruktionszeichnungen: Wolfgang Braun, Hermann Wäscher, Robert Nehring
Grundrisszeichnungen: Hermann Wäscher, Friedrich-Wilhelm Krahe, Friedrich Stolberg,
Fred Dittmann, Detlef Schünemann, Heike Heindorf, Lisa Berg
Abbildungen: siehe Legende
Fotos: Bernd Sternal
Titelbild: Burg Falkenstein, Wolfgang Braun, Lisa Berg

6. überarbeitete Auflage Oktober 2015
ISBN: 978-3-8423-3947-7
Herstellung und Verlag:
Books on Demand GmbH, Norderstedt

Vorwort

Die hervorgehobene Lage des Harzgebirges, einer Bastion gleichend, die norddeutsche Tiefebene unterbrechend, erkannten schon unsere Vorfahren in vorgeschichtlicher Zeit.

Diese Erkenntnis in alter Zeit schuf eine außergewöhnliche Kulturlandschaft. Im Laufe der Jahrhunderte zog eine Vielzahl von Völkern am Harz vorbei oder ließen sich nieder, wurden wieder vertrieben, zogen, aus uns unbekannten Gründen, weiter oder verschmolzen mit anderen Völkern. Sie alle haben in der Harzregion die Spuren ihrer Kultur hinterlassen.

Wobei sich diese, für die vorgeschichtliche Zeit, ungewöhnlich starken Siedlungsaktivitäten nicht nur auf die exponierte Lage des Harzgebirges zurückführen lassen. Auch die reichen Naturschätze wie Wasser, Holz, Pflanzen- und Wildreichtum sowie der Reichtum an verschiedensten Erzen und Rohstoffen dürfte dafür mit entscheidend gewesen sein.

Diese Spuren beginnen in der Eiszeit, setzen sich ununterbrochen durch die Steinzeit, die Bronze- und Eisenzeit, die Römerzeit, die Völkerwanderungszeit, das Mittelalter bis heute fort. Früh schon begannen die Harzbewohner Fluchtburgen an exponierten Plätzen zu errichten und nicht selten wurden später auf den Plätzen dieser Fluchtburgen mittelalterliche Burgen errichtet.

Den wenigsten Lesern dürfte bekannt sein, dass der Harz zu den an Burgen und Schlössern reichsten Landschaften Europas zählt.

Auch, dass der Harz von ca. 1000 v. Chr. bis ins 16. Jahrhundert, also über 2.600 Jahre, von entscheidender Bedeutung für die Entwicklung unseres Volkes war, ist weitgehend unbekannt. Resultierend aus der wirtschaftlichen und strategischen Bedeutung dieser Region sind für alle Burgentypen Beispiele vorhanden. Die Palette erstreckt sich von vor- und frühgeschichtlichen Fluchtburgen, Ringwallburgen, Wasserburgen, Höhenburgen, Königs- und Dynastenburgen über Turmhügelburgen bis hin zu Zwing- und Schutzburgen.

Leider sind von vielen dieser Bauwerke aus alter Zeit oberirdisch kaum noch Spuren aufzufinden oder es sind Ruinen, an denen der Zahn der Zeit nagt. Auch geht das Wissen über diese macht- und kunstvollen Zeugnisse unserer Vergangenheit immer weiter verloren.

Ich habe für dieses Buch in zahlreichen alten Quellen recherchiert, alte Burgenliteratur studiert und neue Erkenntnisse sowie zeitgemäßen Wissenszuwachs, soweit mir bekannt und zugänglich, einfließen lassen.

Von der Grafikdesignerin und Illustratorin Lisa Berg, die längere Zeit für Archäologen und Denkmalpfleger gezeichnet hatte, stammt ein Teil der exakten Burgengrundrisse. Doch die eigentliche Sensation dieses Buches sind die wunderschönen Rekonstruktionszeichnungen alter, längst verfallener Burgen und Schlösser.

Der pensionierte Kriminalbeamte Wolfgang Braun hat sie in jahrelanger Arbeit alle besucht, fotografiert und nach alten Stichen, Plänen und Grundrissen aufs Papier gebracht. Die Ergebnisse sind beeindruckend und vermitteln dem Leser einen Eindruck, wie viele dieser mittelalterlichen Relikte einmal ausgesehen haben könnten. Und letztendlich haben wir zahlreiche alte Zeichnungen und Stiche gesammelt und sie den Burgen und Schlössern beigefügt, um das Bild dieser faszinierenden Altertümer abzurunden.

Bernd Sternal im Juni 2010

„Das Buch füllt eine wahre Lücke; es ist für Jedermann, besonders aber auch für Touristen äußerst nützlich, da die Werke von H. Wäscher, P. Grimm und F. Stolberg nicht mehr erhältlich sind. Am besten haben mir die Rekonstruktionszeichnungen gefallen! Ihr gut bebildertes Buch verdient eine weite Verbreitung!"
Dr. Detlef Schünemann, ehem. Bodendenkmalpfleger und Burgenexperte aus Verden im August 2011

Inhalt

Inhalt

Burg Arnstein

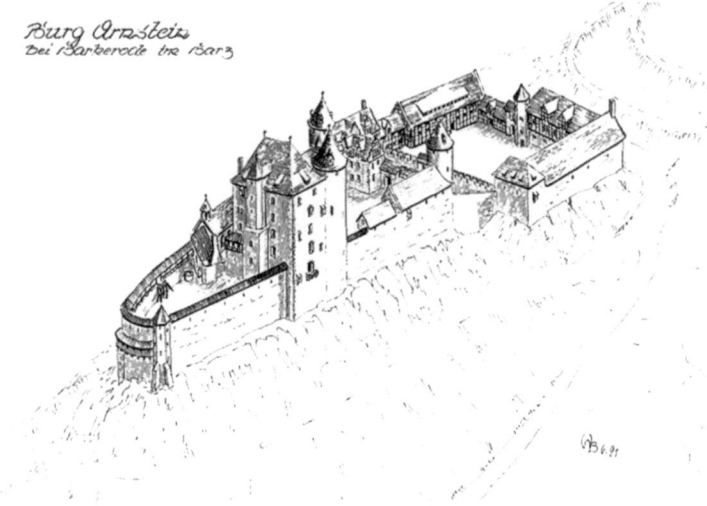

Burg Arnstein
bei Harkerode im Harz

Die Burg Arnstein am südöstlichen Harzrand ist nur noch eine Burgruine. Trotzdem ist sie auch heute noch ein eindrucksvolles Zeugnis mittelalterlicher Baukunst sowie mittelalterlicher Verteidigungsstrategien. Die Ruine steht auf einer 210 Meter über Normalnull hohen Erhebung zwischen den Orten Sylda und Harkerode, in unmittelbarer Nähe der Stadt Hettstedt.

Aus einer frühmittelalterlichen Befestigungsanlage ging im 12. Jahrhundert die Burg der Herren von Arnstein hervor. Eindrucksvoll mit ihrem weithin sichtbaren turmartigen Palastbau wurde die Ruine ab dem 19. Jahrhundert überregional als die „romantische Ruine" bekannt. Zu ihrer Zeit waren die Herren von Arnstein durch Heirat mit den Askaniern und den Wettinern verbunden und wurden zu den Großen des sächsischen Adels gerechnet. Ab 1294 erlebte die Burg eine wechselvolle Geschichte, geprägt durch zahlreiche Besitzerwechsel wie: die Falkensteiner, die Grafen von Regenstein sowie die Arnsteiner der Linie Mansfeld-Vorderort.

Die Burg wurde im Bauernkrieg zum Teil zerstört, ab 1530 aber von Graf Hoyer IV. wieder aufgebaut. Nach dem Aussterben der Arnsteiner Linie Mansfeld-Vorderort-Arnstein im Jahr 1615 setzte der endgültige Verfall der Burg ein.

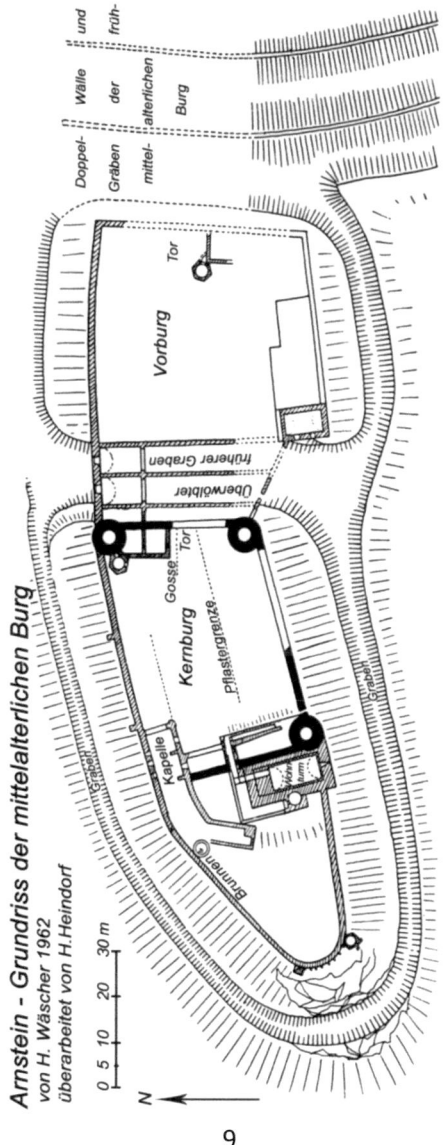

Arnstein – Grundriss der mittelalterlichen Burg
von H. Wäscher 1962
überarbeitet von H.Heindorf

Vorburg

Tor

und
früh-
Wälle
der
mittel-alterlichen
Burg
Doppel-
Graben

früherer Graben
Überwölbter

Kernburg
Gosse
Tor
Pflastergrenze

Kapelle
Brunnen

Graben

N

0 5 10 20 30 m

9

Ab Mitte des 19. Jahrhunderts wurde der Burg als Denkmal größere Aufmerksamkeit gewidmet. Die neuen Besitzer, die Herren von Knigge, nahmen Sicherungsmaßnahmen vor und begannen mit der touristischen Erschließung, die bis zum Jahr 1930 fortgeführt wurde. Danach war die Burg wieder dem Verfall preisgegeben. Seit 1992 nimmt sich jetzt der örtliche „Heimatverein" der Sicherung und Erhaltung der Ruine an.

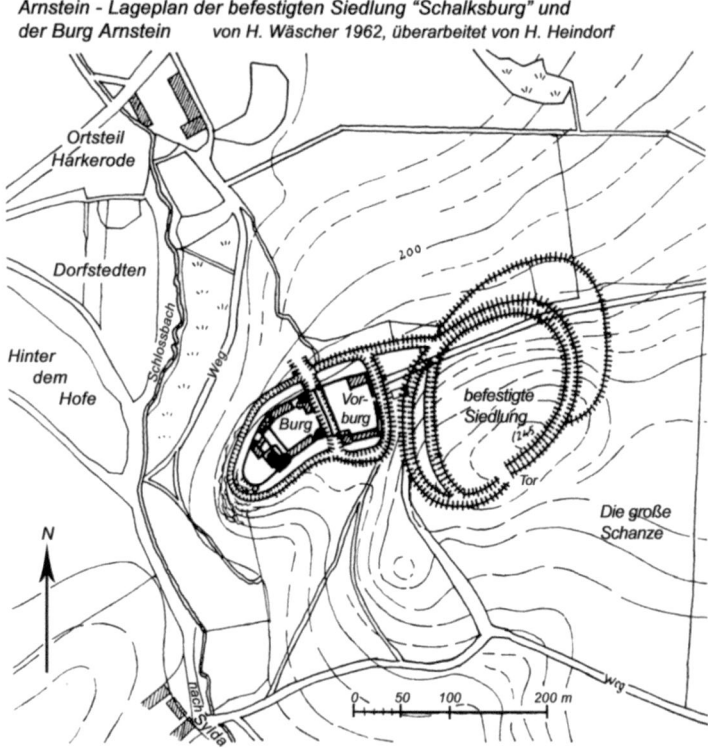

Arnstein - Lageplan der befestigten Siedlung "Schalksburg" und der Burg Arnstein   von H. Wäscher 1962, überarbeitet von H. Heindorf

Für einen Besuch der Burgruine sollte man sich, aus Hettstedt wie auch aus Harzgerode kommend, nach Ritterode orientieren. Über Ritterode, Willerode und Sylda erreicht man die Burg nach ungefähr 5 Kilometern. Von einem ausgewiesenen Parkplatz führt ein Fußweg links am Burgberg entlang zur Burg.

Der Regenstein – mittelalterliche Burgruine und Barock-Festung

Burgen sind rund um den Harz, wie Perlen auf einer Kette, aneinandergereiht. Die meisten davon haben ihren Ursprung im Mittelalter.

Die Burg Regenstein, auch Reinstein genannt, thront auf einer zirka 2,5 Kilometer langen und bis zu 295 Meter hohen Sandsteinformation, die aus der Kreidezeit stammt. Diese bizarre wildromantische Felsbarriere, etwa 3 Kilometer nördlich von Blankenburg gelegen, wurde auch schon in vorgeschichtlicher Zeit von Menschen genutzt. Ob als Wohnplatz oder als Kultstätte, ist bisher nicht entschieden. Indes zeugen Funde aus Steinzeit, Bronzezeit und Eisenzeit von der Anwesenheit des vorgeschichtlichen Menschen. Wann jedoch Deutschlands älteste Felsenburg in den Sandstein gehauen wurde, liegt bis heute hinter dem Schleier der Geschichte verborgen.

Der Sage nach wurde die Burg Regenstein im Jahr 479 von Ritter Hatebold aus Veckenstedt errichtet. Der edle Sachse soll sich in den Kämpfen zwischen Thüringern und Sachsen in der Zeit der Völkerwanderung, also der Spätantike, durch besondere Tapferkeit ausgezeichnet

11

haben und erhielt als Dank das Land um den Regenstein als Lehen. Hatebold gilt daher als Gründer des Geschlechtes der Grafen von Regenstein.

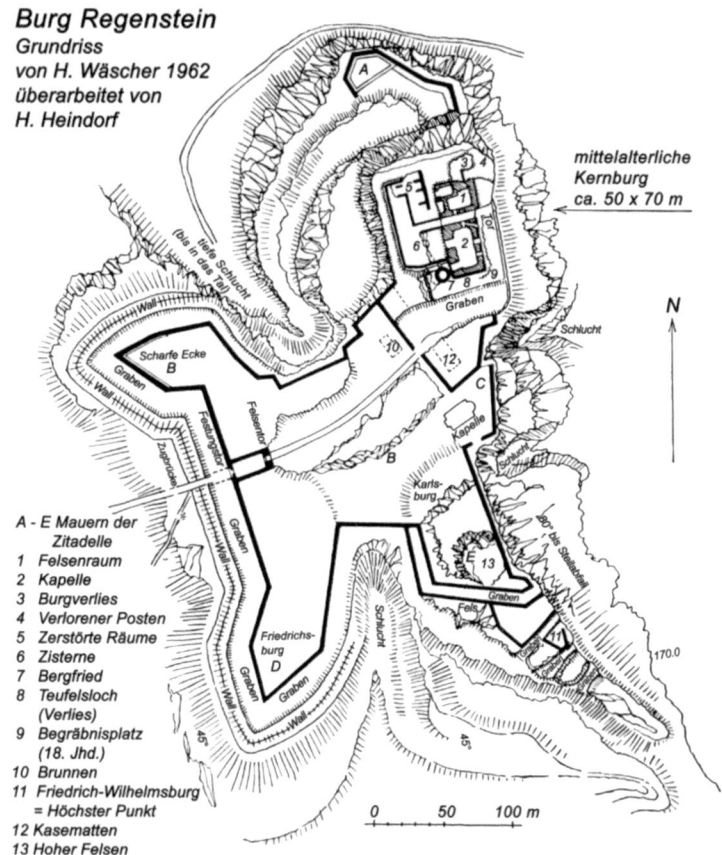

Burg Regenstein
Grundriss
von H. Wäscher 1962
überarbeitet von
H. Heindorf

mittelalterliche
Kernburg
ca. 50 x 70 m

N

A - E Mauern der
    Zitadelle
1 Felsenraum
2 Kapelle
3 Burgverlies
4 Verlorener Posten
5 Zerstörte Räume
6 Zisterne
7 Bergfried
8 Teufelsloch
    (Verlies)
9 Begräbnisplatz
    (18. Jhd.)
10 Brunnen
11 Friedrich-Wilhelmsburg
    = Höchster Punkt
12 Kasematten
13 Hoher Felsen

Jedoch erst ab Karl dem Großen traten die Regensteiner erstmals sporadisch in den Blickpunkt der Geschichte. In der Folgezeit entstand die Grafschaft Blankenburg, die bischöflich-halberstädtisches Lehen war. Im Jahr 1173 fand eine Teilung dieser Grafschaft statt, Cunradus comes de Regenstein erhielt den Regenstein und nannte sich fortan nach diesem.

Diese Linie zerfiel in die Linien Reinstein-Reinstein und Reinstein-Heimburg. Im 14. Jahrhundert waren die drei Linien Blankenburg, Regenstein, Heimburg die mächtigsten Herren im Harzgau. Der wohl bekannteste Regensteiner war Graf Albrecht II., der Mitte des 14. Jahrhunderts lebte und als sagenumwobener Raubgraf in die Geschichte eingegangen ist – zu Unrecht, wie wir heute wissen. Im Jahr 1599 starb das Geschlecht der Regensteiner Grafen aus, der Besitz ging an das Herzogtum Braunschweig über.

Der eindrucksvolle Regenstein ist eine zweiperiodige Anlage. Vielleicht sogar eine dreiperiodige, denn wann begonnen wurde die Felsenräume zu schaffen ist bisher nicht nachweisbar. Als ältesten Teil erkennt man noch heute eine in den Felsen geschlagene wohl mittelalterliche Burgruine im nördlichen Bereich; sie ist in Oberburg und Unterburg gegliedert und umfasst über 30 in den Felsen gehauene Räume. Deutlicher Rest – es gibt jedoch auch noch andere Spuren – ist der hochmittelalterliche Bergfried von 8,3 m Durchmesser; südlich ein breiter Halsgraben. Die kastellartige Burg hatte Ausmaße von etwa 50 x 70 m. Diese mittelalterliche Burg dürfte im 11. oder 12. Jahrhundert erbaut worden sein; bezeugt ist für das Jahr 1173 der bereits genannte Cunradus comes de Regenstein. Im Jahr 1180 wurde die Burg durch Kaiser Barbarossa zerstört; 1186 wurde sie wieder aufgebaut. Nach dem Aussterben der Linie der Regensteiner Grafen wurde die Burg zu Beginn des 17. Jahrhunderts aufgegeben. Später kam die Anlage an das Haus Brandenburg-Preußen. Der große Kurfürst Friedrich Wilhelm ließ den Regenstein dann besetzen und bis 1671 zu einer gewaltigen Barock-Festung ausbauen. Diese umfasste bei einer Ausdehnung von etwa 435 x 300 m ein verschobenes Viereck mit vier beziehungsweise fünf gewinkelten Eck-Bastionen nebst umlaufendem Graben.

Im Jahr 1757, im Siebenjährigen Krieg, wurde die Festung vorübergehend von französischen Truppen besetzt; darum ließ der Preußenkönig Friedrich der Große sie 1758 schleifen.

Seit der Mitte des 19. Jahrhunderts wurde der Regenstein zunehmend als historische Sehenswürdigkeit und Naturschönheit von Besuchern entdeckt und erlebt seitdem eine neue Blütezeit. In einigen Felskasematten werden heute Funde von der Burg ausgestellt.

Jährlich im Juli finden auf der Burg Ritterfestspiele statt. Ein ritterlicher Adler- und Falkenhof stellt eine weitere Attraktion auf dem Regenstein dar. Für das leibliche Wohl sorgt eine Burgschenke mit einem herrlichen Blick auf das nördliche Harzvorland. Bei guter Sicht kann der Besucher vom Regenstein einen Rundblick von bis zu 50 Kilometern genießen.

Die Burgruine der Rothenburg

Die Rothenburg liegt nicht am Harz. Geografisch gehört sie zum Kyffhäusergebirge, über dessen Nordabfall zur Helmeniederung sie gelegen ist. Es ist ein beherrschender Gebirgsausläufer, etwa 1,8 Kilometer südöstlich von Kelbra, 394 Meter über Normalnull, über der Goldenen Aue an der Bundesstraße 85. Die Burg gewährt einen großartigen Blick über das südwestliche Harzvorland.

Die Rothenburg war romanischen Ursprungs. Die Hauptburg ist eiförmig und hat Abmessungen von 50 x 80 Meter. Die gesamte Burganlage ist eine Ruine, teilweise notdürftig und teilweise fachmännisch restauriert. Ringmauern, Kapelle, Palas und Kellergewölbe sind in Teilen erhalten und vermitteln einen Eindruck von mittelalterlicher Bauarchitektur. Der stattliche runde Bergfried von 12 Metern Durchmesser hat eine Mauerdicke von 2,7 Metern. Er wurde im Jahre 1937 zum Teil wiederhergestellt und zugänglich gemacht. Die gesamte Atmosphäre der Burgruine hinterlässt einen mystischen Eindruck und lädt gleichzeitig zum Entdecken ein.

Teile der Burgruine wurden in der Neuzeit abgebrochen und 1906 zum Bau eines Bismarck-turmes verwendet. Eine ehemalige Vorburg mit Halsgraben wurde beim Bau eines Burggast-hauses sowie eines Parkplatzes in den 60-er Jahren vollständig vernichtet.

Die Rothenburg wurde um das Jahr 1100 erbaut, wobei zu vermuten ist, dass das Areal schon vorher baulich genutzt wurde. Als Erbauer wird ein Christianus de Rothenburgh angesehen. Das Geschlecht der Rothenburger starb allerdings schon nach 100 Jahren aus. Im Jahr 1209 ist ihr Besitz bereits für die von Beichlingen verbrieft, die sich Burggrafen von Rothenburg und Kyffhausen nannten.

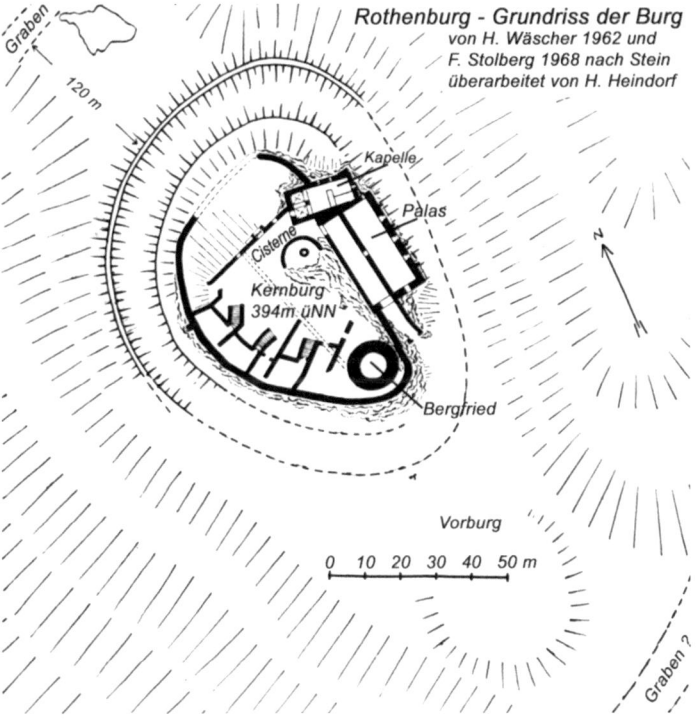

Rothenburg - Grundriss der Burg
von H. Wäscher 1962 und
F. Stolberg 1968 nach Stein
überarbeitet von H. Heindorf

Im Jahr 1212 eroberte Kaiser Otto IV. die Burg, gab sie aber den Grafen von Beichlingen-Rothenburg als Lehen zurück. In dieser Zeit wurden auf der Burg einige Um- und Neubauten vorgenommen. Im Jahr 1373 wurde die Burg an die Landgrafen von Schwarzburg verpfändet, die ab dem Jahr 1407 endgültige Besitzer wurden. Aus unbekannten Gründen begann die Burg ab dem 16. Jahrhundert zu verfallen.

Die Große und die Kleine Lauenburg bei Stecklenberg

Die Große Lauenburg ist nur noch eine Ruine, aber was für eine! Die Reste einer Burg, die vor Zeiten die Große genannt wurde. Dabei sind es eigentlich zwei Burgruinen, die der Großen und die der Kleinen Lauenburg, die auf Grund ihrer politisch-strategischen Bedeutung gemeinsam zu betrachten sind. Die Burganlage ist auf einem Bergrücken in 341 Meter Höhe über dem Meeresspiegel gelegen, der in ostwestliche Richtung verläuft und allseitig von steil abfallenden Berghängen umgeben ist. Eine außergewöhnliche Deckung, die nur durch eine Bergzunge in westlicher Richtung unterbrochen ist, welche durch die Kleine Lauenburg gesichert wurde. Von dort gibt es eine grandiose Aussicht über den nordöstlichen Vorharz. Friedrich Hoffmann schrieb dazu im Jahr 1836 „Versäume der Wanderer doch ja nicht, diesen lieblichen Punkt am Unterharze zu besuchen, er wird uns Dank wissen, ihn auf denselben aufmerksam gemacht zu haben!"

Die Große Lauenburg in 13 Jh.
zu Quedlinburg

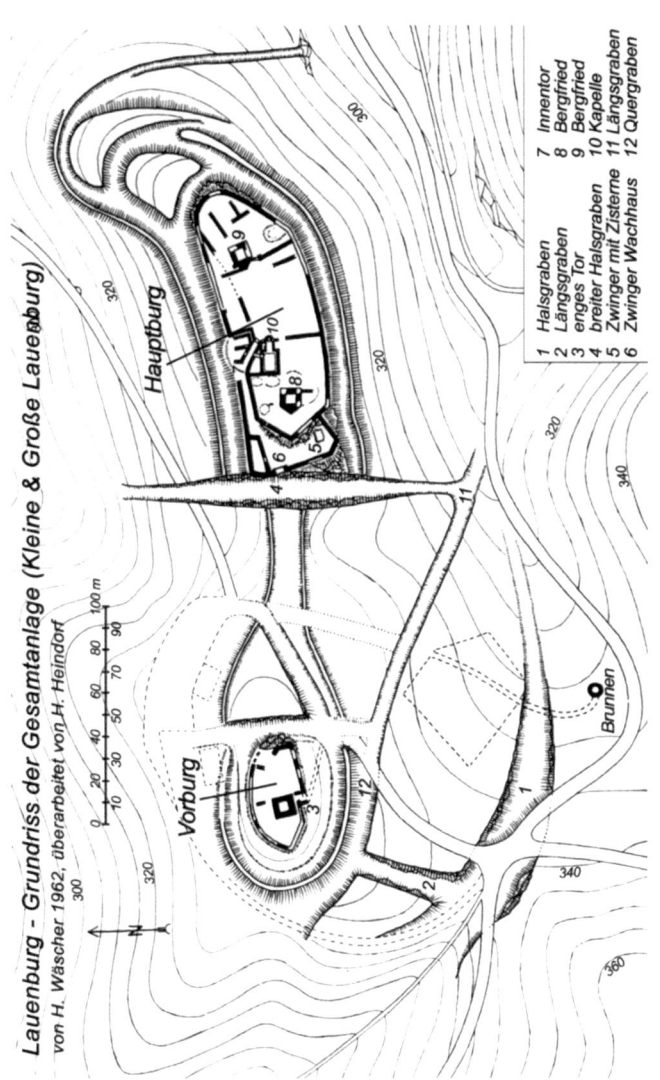

Lauenburg - Grundriss der Gesamtanlage (Kleine & Große Lauenburg)
von H. Wäscher 1962, überarbeitet von H. Heindorf

1 Halsgraben
2 Längsgraben
3 enges Tor
4 breiter Halsgraben
5 Zwinger mit Zisterne
6 Zwinger Wachhaus
7 Innentor
8 Bergfried
9 Bergfried
10 Kapelle
11 Längsgraben
12 Quergraben

Hauptburg

Vorburg

Brunnen

Bei klarer Sicht sind die ehrwürdigen Dome von Quedlinburg und Halberstadt zu sehen, die Burg Regenstein und das Schloss Blankenburg, der Huy, das Bodetal, die Teufelsmauer, der Hakelwald und ganz in der Ferne der Magdeburger Dom. Am Fuße des Berges fällt der Blick auf das Dörfchen Stecklenberg. Auch hat man einen direkten Blick auf die weiter unten liegende Stecklenburg.

Fundierte Erkenntnisse zum Bauherrn und zur Zeit der Errichtung der Burg gibt es nicht. Die Große Lauenburg ist aber nach romanischem Schema errichtet: Länglich ovale Anlage, 45 x

130 Meter, mit umlaufender Ringmauer von 2 Meter Dicke und 10 Meter Höhe. Teile der Ring-mauer sind bis zu einer Höhe von 5 Meter erhalten, Teile des Bergfrieds bis zu 12 Meter.

Im Westen wird die Große Lauenburg von einem mächtigen Halsgraben von 150 Meter Länge und 15 Metern Breite geschützt. Die gesamte Burganlage wird von einem Ringgraben mit Vorwall umgeben, der eine Länge von 220 Meter hat. Mit ihren zwei fünfeckigen Bergfrieden nimmt die Burg eine Sonderstellung im Harzgebiet ein.

Die Kleine Lauenburg ist als Vorburg der benachbarten Großen Lauenburg zu sehen, wobei sie eine selbständig ausgebildete Anlage bildet. Auch sie weist einen romanischen Baustil auf. Die Burg von 45 x 50 Meter stellt ein Pendant der Oberburg Kyffhausen dar. Kernstück der Burg ist ihr mächtiger Bergfried mit den Maßen 10,4 x 10,4 Meter, einer Mauerdicke von 2,9 Metern sowie einer ursprünglichen Höhe von ungefähr 30 Meter, von denen 17 Meter erhalten sind. Der ursprüngliche Zugang war nur 60 Zentimeter breit und in einer Höhe von 4,5 Meter über dem Erdboden.

Die Anfänge der Burganlage liegen im Ungewissen. Erste geschichtliche Nachrichten stam-men aus dem Jahr 1164 von Pfalzgraf Albrecht zu Sommerschenburg. Die Beurkundung fällt in die Zeit der Herrschaft Friedrichs I. (Barbarossa).

Da es sich um eine Zeit höchster Zentralgewalt handelt, liegt aufgrund der Größe der Burg die Vermutung nahe, dass es sich um eine Reichsburg königlicher Gründung gehandelt haben kann. Das Geschlecht derer von Sommerschenburg stellte ab 1088 die Pfalzgrafen in Sach-sen sowie ab 1133 Schirmvögte des Quedlinburger Stiftes.

Nach der Abtretung der Burganlage im Jahr 1165 an Heinrich den Löwen ging die Burg 1180 in den Besitz von Barbarossa über, der sie aber wieder an die Welfen zurückgab. Durch diese wechselnden Besitzverhältnisse weist die Anlage sowohl staufische als auch welfische Züge auf. Im Jahr 1273 erwarben die Grafen von Regenstein die Burganlage durch Kauf, was zu einem Kräftespiel zwischen den Regensteiner Grafen und dem Bischof von Halberstadt führte. Allein Bischof Albrecht II. soll zwischen den Jahren 1326 und 1351 neunmal vor die Lauenburg gezogen sein.

Im Jahr 1351 gelangte die Burganlage dann in bischöfliche Hand, und die Regensteiner Gra-fen mussten die Burg vom Bischof zu Lehen nehmen. Seit 1479 erschien dann das Stift Qued-linburg als Lehnsträger. Lehnsherren waren unter anderem die Herzöge Ernst und Albrecht von Sachsen sowie ab 1740 König Friedrich II. von Preußen. Die Burg wurde später vom preußischen Staat auf Abbruch gekauft, wurde dann Eigentum der Stadt Quedlinburg und ging im Jahr 1887 in Staatsbesitz über.

Von einem edlen, aber unbekannten Sänger sind folgende Verse überliefert, denen ich nichts hinzufügen möchte: „Seht ihr die alte Lauenburg, hoch auf dem Harze schimmern? Durch Wildnis geht der Weg hindurch, zu ihren wüsten Trümmern."

Königspfalz Tilleda

Der Begriff „Pfalz" stammt vom lateinischen „palatium" ab. Er bezeichnet für das Frühmittelalter eine Herrscherresidenz mit der kompletten Infrastruktur ihrer Zeit. Dazu gehörte auch ein Wirtschaftsgut. Die fränkischen sowie die deutschen Könige reisten zur Ausübung ihrer Regierungstätigkeit ständig in ihrem Reich umher. Dabei wurde der gesamte Hofstaat mitgeführt. Um standesgemäß unterzukommen und verpflegt zu werden, wurden Königshöfe und Pfalzen errichtet und verbindende Reisewege gebaut.

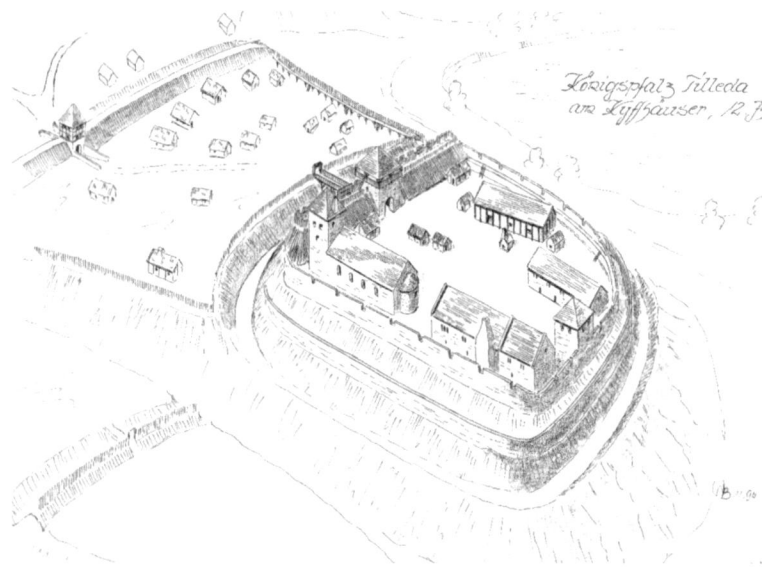

Eine dieser Königspfalzen liegt in Tilleda, im südlichen Harzvorland, direkt vor dem Kyffhäusermassiv.

Die Königspfalz Tilleda gilt als die einzige vollständig ausgegrabene frühmittelalterliche Herrscherresidenz Deutschlands.

Bereits in den Jahren von 1935 bis 1939 wurde mit ersten Ausgrabungen begonnen, die dann zwischen den Jahren 1958 bis 1979 mit der vollständigen Ausgrabung fortgesetzt wurden. Die Ausgrabungen sind untrennbar mit dem Namen von Professor Paul Grimm verbunden. Dabei stellte sich heraus, dass das betreffende Gelände schon in vorchristlicher Zeit, und insbesondere in der Bronzezeit, intensiv besiedelt war. Die ältesten frühmittelalterlichen Funde deuten darauf hin, dass um das Jahr 700 mit der Errichtung der Pfalz begonnen wurde. Ihre Blütezeit hatte die Pfalz jedoch im 9. und 10. Jahrhundert, insbesondere unter den Ottonen.

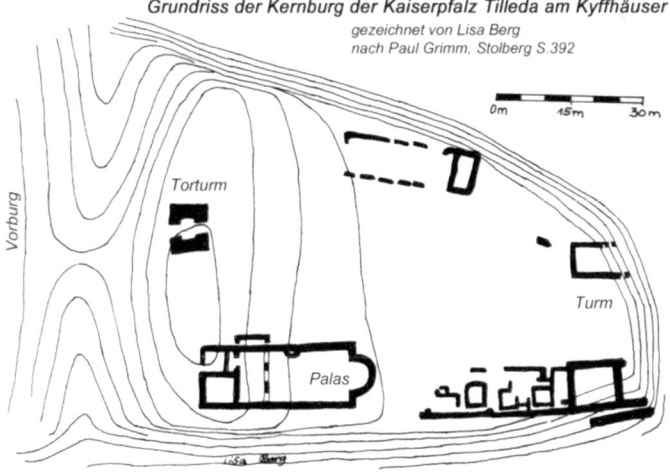

Grundriss der Kernburg der Kaiserpfalz Tilleda am Kyffhäuser
gezeichnet von Lisa Berg
nach Paul Grimm, Stolberg S.392

0m   15m   30m

Vorburg

Torturm

Turm

Palas

Heute ist die Königspfalz Tilleda ein Freilichtmuseum. Man kann es aber auch durchaus als Erlebnis-Museum bezeichnen. Denn ständig entstehen neue Gebäude- und Anlagenrekonstruktionen.

Ein vielfältiges Angebot an Veranstaltungen, Aktiv-Angeboten, museumspädagogischen Projekten und Workshops vervollständigen das Bild, und wenn Sie Glück haben, begegnet Ihnen vielleicht Kaiserin Theophanu, die gerade auf ihrem Witwengut Hof hält.

Die Pipinsburg bei Osterode

Überquert man unweit des Osteröder Ortsteils Katzenstein die Söse, steht man unmittelbar vor dem steil ansteigenden, felsigen Nordhang der „Osteroder Kalkberge". Durch eine schluchtartige Mulde führt der Burgweg auf die Höhe des Nordhanges. Hat der Burgweg die Höhe erreicht, hat man einen Ausblick auf das gesamte Plateau in der Größe von 10,5 Hektar. Dies ist das Areal der Pipinsburg, die sich einst über 7 Hektar ausdehnte.

Die Pipinsburg ist eines der bedeutendsten vor- und frühgeschichtlichen Denkmäler der Harzregion und territorial sicherlich ihre größte Befestigungsanlage. Über die Ursprünge dieser beeindruckenden Befestigungsanlage gibt es keine schriftlichen Überlieferungen. Auch die Herkunft des Namens Pipinsburg konnte bis heute nicht geklärt werden. Die Ergebnisse zahlreicher archäologischer Grabungen lassen sich wie folgt zusammenfassen: Eine erste Besiedlung des Areals fand in der frühen Bronzezeit statt. Es folgten fünf Bebauungsperioden – beginnend in der Späthallstattzeit bis ins hohe Mittelalter.

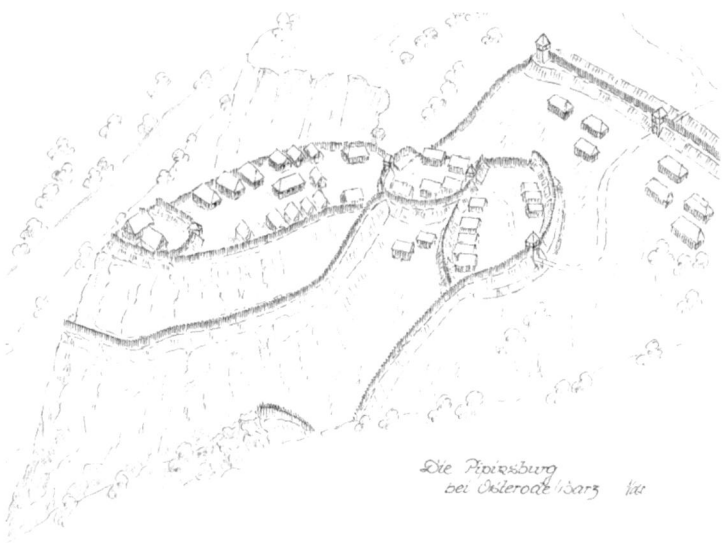

Die Pipinsburg
bei Osterode /Harz

Aus mittelalterlichen Schriften ist überliefert, dass im Jahr 1134 ein Ritter Werner von Berkefeld auf der Pipinsburg wohnhaft gewesen sein soll, wobei er als Castellan in Windhausen bei Gittelde bezeichnet wird.

22

Pipinsburg bei Osterode - Grundriss der Burg
nach M. Claus 1970, aus Führer zu vor- und frühgeschichtlichen
Denkmälern - Northeim, Südwestliches Harzvorland, Duderstadt,
Verlag Philipp von Zabern,
Bd 17, Mainz 1970

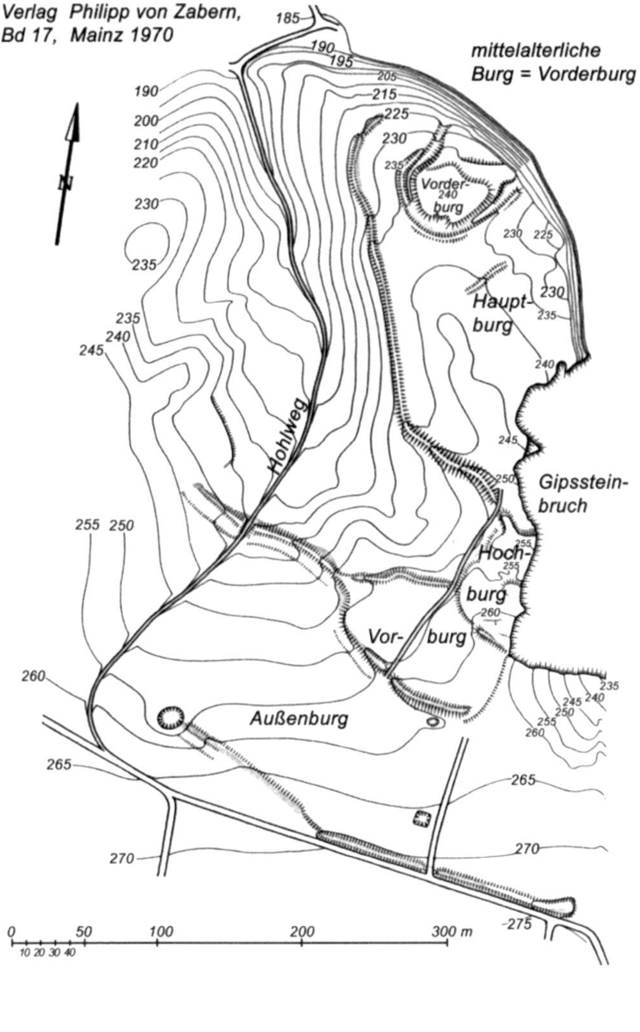

mittelalterliche
Burg = Vorderburg

Vorder-
burg

Haupt-
burg

Gipsstein-
bruch

Hoch-
burg

Vor- burg

Außenburg

Hohlweg

N

0   50   100   200   300 m
10 20 30 40

Eine weitere Überlieferung besagt, dass die Pipinsburg in einer Fehde zwischen dem Erzbischof von Mainz und den Landgrafen von Thüringen gegen Herzog Albrecht I. von Grubenhagen im Jahr 1365 zerstört worden ist. Die Burg wurde nicht wieder aufgebaut, daher sind heute auch nur noch die gewaltigen Burgwallanlagen und Burgreste zu sehen. Dazu kommen zahlreiche archäologische Grabungsschnitte, unter anderem durch Dr. Wolfgang Schlüter, unter der Leitung von Dr. Martin Claus.

Ein Besuch der Pipinsburg ist trotzdem empfehlenswert. Das Plateau, das zu etwa 70 Prozent von der Burganlage eingenommen wird, hinterlässt Eindruck und erweckt Ehrfurcht. Hier muss einmal eine „Akropolis des Nordens" gestanden haben, wie es Friedrich Stolberg, der Autor des Werkes „Befestigungsanlagen im und am Harz...", treffend formulierte.

Auch der Aufstieg zur Burg sowie die grandiose Rundumsicht des 225 Meter über Normalnull gelegenen Areals sucht im südwestlichen Harz ihresgleichen.

Die Pipinsburg hat besiedlungs- und entwicklungsgeschichtlich, obwohl sie ein selten breites und qualitativ hochwertiges Fundspektrum aufzuweisen hat, noch lange nicht alle Geheimnisse preisgegeben. Wir können also auf zukünftige wissenschaftliche Erkenntnisse gespant sein!

Die Roseburg

Denkt man an Märchenschlösser, so denkt man an Neuschwanstein, Versailles oder Sanssouci. Dass sich auch im nordöstlichen Harzvorland ein solches befindet, wird viele verwundern.

Die Roseburg, wie dieses Harzer Märchenschloss heißt, liegt zwischen Rieder und Ballenstedt, direkt an der Landesstraße 242. Es ist weder so alt wie Versailles noch so pompös wie Neuschwanstein. Und es drängeln sich keine Touristenströme, bestückt mit Videokamera und Fotoapparat, in Park und Baulichkeiten. Und trotzdem! Wer die Roseburg einmal besucht hat, wird mir Recht geben. Ein Märchenschloss, wenn auch ein neuzeitliches.

Daher ist in diesem Fall auch kein Zweifel am Erbauer der Burg zu hegen. Es war Bernhard Sehring. Der begnadete Berliner Architekt und Bauherr lebte von 1855 bis 1941. Referenzen hat Sehring reichlich aufzuweisen. Die bekanntesten Bauten aus der Feder von Sehring sind wohl das Theater des Westens sowie das Berliner Künstlerhaus St. Lucas. Das Wirkspektrum von Architekt Sehring war weit gefächert und reichte vom Wohnhaus über Theater- und Kulturbauten bis zum Schloss. Kein Wunder also, dass Sehring sich mit der Roseburg ab 1905 einen lang gehegten Wunsch erfüllte, in den er all seine Kreativität und Erfahrung einbrachte.

Das Areal, auf dem die Roseburg steht, liegt 254 Meter über Normalnull, auf einem Felsrücken aus Muschelkalk, am Westende der Steinberge. Erworben hat es Sehring von den Grafen Anhalt-Dessau. Gebaut hat er sein Traumschloss inklusive Parkanlage auf den Mauern einer uralten Burg. Die erste stiftsurkundliche Erwähnung stammt aus dem Jahr 963 und nennt den Namen „Rothallasburc". Weitere Details zur Geschichte der Burg sind bisher nicht überliefert, in der Vergangenheit gemachte archäologische Funde sind nicht erhalten.

Die Roseburg, Alte Ansichtskarte (aus eigenem Archiv)

Aber zurück zu Architekt Sehring und seinem Lebenswerk „Roseburg". Die Bauzeit für Burg und Park nahm 18 Jahre, von 1907 bis 1925, in Anspruch. Insgesamt soll der engagierte Architekt 13 Millionen Reichsmark verbaut haben, wobei allein die aufwändige 1600 Meter lange Außenmauer über 1 Million Reichsmark gekostet haben soll. Entstanden ist ein Burgensemble mit vielschichtigen Stilelementen. Romanisches Flair und italienischer Frühbarock bilden eine Einheit mit Jugendstil und Klassizismus, eingerahmt von einer großzügigen Parkanlage nach Vorbild eines englischen Landschaftsgartens, mit Türmen, Wasserkaskaden und Obstgärten. Leider ging dem Stararchitekten ab 1920 das Geld aus, was dazu führte, dass nicht alle seine Pläne verwirklicht werden konnten.

25

Nach Sehrings Tod im Jahr 1941 sowie dem Tod seiner Ehefrau im Jahr 1950, erlebte die Roseburg eine sehr wechselvolle Geschichte, die in einem „Besitzer-Krimi" nach der Wiedervereinigung gipfelte. Seit 2006 ist das „Märchenschlösschen" an einen Privatinvestor verkauft, der Erhaltungs-, Sanierungs- und Restaurationsarbeiten an Gebäuden und Park durchführt. Auch erstrahlt seit 2009 das ehemalige Burgcafé in neuem Glanz.

Die Roseburg ist im Winter nicht für Besucher geöffnet, obwohl insbesondere der Park zu jeder Jahreszeit einen Besuch wert wäre. Denn Sehring hat in absolut harmonischem Einklang exotische Gehölze und Anpflanzungen mit einheimischen Gewächsen vermischt. Dabei wurden die jeweiligen Blütezeiten so abgestimmt, dass der Park ganzjährig eine Pracht darstellt.

Das Schloss Herzberg

Ruine der St. Bartholomäuskirche mit Schloss Herzberg
Stahlstich von J. M. Kolb nach L. Rohbock 1856 (aus eigenem Archiv)

Weithin sichtbar ist er, der Stammsitz der Welfen, im südlichen Vorharz am Austritt der Sieber. Am Südwestende der alten Fachwerkstadt Herzberg, auf dem 275 Meter hohen Schlossbergrücken, stellt er eine beeindruckende Kulisse dar. Das Schloss Herzberg ist Niedersachsens

26

größtes Schloss in Fachwerkbauweise. Die steilen Schlossberghänge bestehen aus dem Dolomit des Südharzer Zechsteingürtels und stellten im Mittelalter einen fast unüberwindbaren, natürlichen Schutzwall dar.

Über den Ursprung des Schlosses besagen die Archive nur wenig. Es war eine Burg und ein Reichsgut. Im Jahr 1029 soll Werner von Lutterberg ein Jagdhaus auf dem Bergrücken errichtet haben. Beurkundet ist, dass Heinrich der Löwe im Jahr 1157 die Burg von Barbarossa, im Tausch gegen schwäbische Ländereien, erworben hat. Seitdem, bis zum Jahr 1866, war das Schloss Herzberg ununterbrochen in welfischem Besitz. Und ab dem Jahr 1290 war es Residenz der verschiedenen Welfen-Linien.

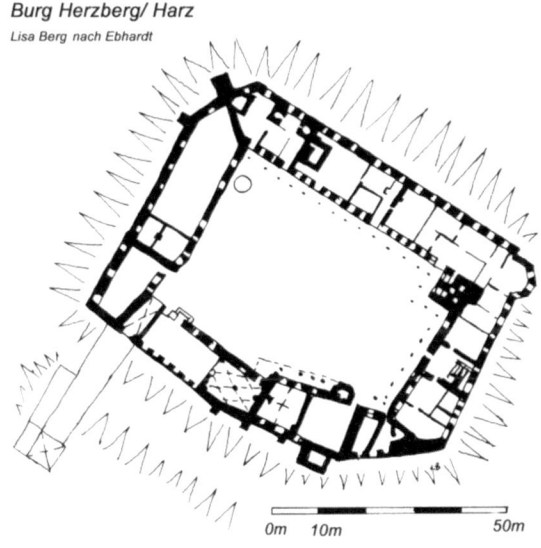

Burg Herzberg/ Harz
Lisa Berg nach Ebhardt

0m 10m   50m

Die Schlossanlage ist ein Vierflügelbau, der rechteckige Innenhof misst 40 x 58 Meter. Nach einem Großbrand im Jahr 1510 wurde das heutige Schloss neu errichtet, wobei alle älteren Fundamente überbaut wurden. Weitere Um- und Erweiterungsbauten stammen aus dem 18. Jahrhundert. Das Schloss insgesamt stellt eine Ansammlung verschiedener Stilepochen dar, die es besonders interessant machen. In jedem Gebäude und jedem Raum wartet eine andere architektonische Überraschung. Das gesamte Schloss ist restauriert und zahlreiche Gebäude können besichtigt werden. Im Stammhausflügel, der baulich aus der Zeit von Herzog Christian Ludwig stammt, befindet sich ein Museum.

Das Museum beherbergt vier Abteilungen: Schloss-, Herrschafts- und Baugeschichte; Wirtschafts- und Sozialgeschichte, Forst- und Bergbaugeschichte sowie die archäologische Abteilung. Sehenswert ist auch der Rittersaal. Und empfehlenswert, nach einer kurzweiligen und interessanten Besichtigung des Schlosses, wäre ein Besuch im Schlossrestaurant.

Schloss Ballenstedt

Die Askanier waren eines der bedeutenden sächsischen Adelsgeschlechter im Hochmittelalter. Belegt ist die Familiengeschichte bis um das Jahr 1000, als Mitglieder der schwäbischen Adelsfamilie Beringer, die im Schwabengau (im Ostharz auch Suebengau genannt) ihre Heimat hatten, durch Heirat mit den benachbarten sächsischen Adelshäusern, die Grafschaft Aschersleben in Besitz nahmen. Eine jahrhundertelange Feindschaft zwischen den suebischen „Ureinwohnern" dieser Ostharzer Region und den zur Völkerwanderungszeit zugewanderten Sachsen wurde damit beendet.

Der Name des neuen, mächtigen Fürstengeschlechtes der Askanier leitet sich von Ascharia (Aschersleben) ab. Als erster seines Geschlechtes ist Graf Esico von Ballenstedt im Jahr 1036 überliefert.

Er gründete an der Stelle des heutigen Schlosses Ballenstedt ein Augustiner-Chorherrenstift. Uta von Ballenstedt, bekannt als „Uta von Naumburg", war die Schwester von Graf Esico. Uta war vermählt mit dem Markgrafen Ekkehard II. von Meißen und blieb kinderlos. Daher fiel Ihre Mitgift nach ihrem Tod an das Stift Gernrode und den Dom zu Naumburg. Als Stifterfigur „Uta von Naumburg", eine von 12 Stifterfiguren im Naumburger Dom, wurde sie berühmt. Graf Esicos Sohn, Otto der Reiche und dessen Sohn Albrecht der Bär, wandelten um das Jahr 1123 das Stift in ein Benediktinerkloster um. Zu dieser Zeit existierten Kloster und Burg innerhalb der gleichen Mauern nebeneinander.

In die Geschichte ging Albrecht I. insbesondere als Kriegsherr ein. Im Jahr 1157 eroberte Albrecht der Bär die Brandenburg und weitere Ländereien und nannte sich fortan „Markgraf von Brandenburg". Graf Albrecht der Bär ließ auch die Burg Anhalt, gelegen auf dem Hausberg hoch über dem Selketal, wieder aufbauen, die sein Großvater Graf Esico gründete und die im Jahr 1140 im Sachsenkrieg zerstört wurde. Albrecht der Bär war entscheidend für die Ostexpansion des deutschen Adels verantwortlich, was auch zu einer bedeutenden Machterweiterung für die Askanier führte. Es begann nach dem Tod von Albrecht dem Bären, unter

28

der Herrschaft seiner Söhne, die Macht zu zersplittern, was sich über die folgenden Generationen fortsetzte.

Schloss Ballenstedt, Stahlstich 1837 (eigenes Archiv)

Es bildeten sich nachfolgende Linien, von denen einige im Laufe der Jahrhunderte wieder ausstarben: Askanische Grafen zu Weimar-Orlamünde, – zu Orlamünde, – zu Weimar, Askanische Herzöge von Sachsen, – zu Sachsen-Lauenburg, Askanische Herzöge und Kurfürsten zu Sachsen-Wittenberg, Askanische Markgrafen von Brandenburg sowie die Askanischen Fürsten und Herzöge zu Anhalt mit zahlreichen Nebenlinien.

Mit der Ausdehnung des Machtbereichs der Askanier nach Norden und Osten sank in gleichem Maße die Bedeutung des Benediktinerklosters, das im 14. und 15. Jahrhundert zu verkommen drohte. Im Jahr 1525 wurde das Kloster dann von Aufständischen im Bauernkrieg gestürmt. Nach der Niederschlagung des Bauernaufstandes übergab noch im selben Jahr der Klosterabt das Kloster an Fürst Wolfgang von Anhalt. Er war Anhänger und Verfechter des Protestantismus und säkularisierte das Kloster, indem er es abtragen ließ. Dies war auch zugleich die Grundsteinlegung des heutigen Schlosses Ballenstedt. Zuerst ließ Fürst Wolfgang den Westflügel bauen, es folgte die Erneuerung der Klosterkirche.

Im 17. Jahrhundert diente das Schloss vorrangig als Prinzen- und Witwensitz. Der Dreißigjährige Krieg von 1618 bis 1648 und seine Folgen beutelten das Land und waren auch für die Askanier eine schwere Zeit, da das Schloss mehrfach geplündert wurde. Erst Anfang des 18.

29

Jahrhunderts gelang es Fürst Victor Amadeus von Anhalt den Südflügel des Schlosses zu errichten. Nach dessen Fertigstellung gab die fürstliche Familie ihre Gemächer im Westflügel auf. Es wurden auch weitere Baulichkeiten längs der Auffahrt zum Schloss errichtet. Der Sohn von Fürst Victor Amadeus, Karl Friedrich sowie dessen Sohn Victor Friedrich waren ausgesprochene Liebhaber großer barocker Jagden. Im Jahr 1732 ließen sie deshalb ein Zeug- und Gesindehaus errichten, das in späterer Zeit als Gasthof umgenutzt wurde und daher seinen Namen „Großer Gasthof" bekam.

Nach der Wiedervereinigung wurde der stark baufällige „Große Gasthof" abgerissen. An seiner Stelle steht heute das Schlosshotel. Mitte des 18. Jahrhunderts wurde die Klosterkirche abgerissen und an ihrer Stelle der architektonisch markante Nord- oder Kirchenflügel errichtet. Die vergangenen Jahrhunderte waren auch aus anderem Grund für die Askanier machtpolitisch ungünstig verlaufen. Das Prinzip der Primogenitur (Erbfolgeprinzip, bei dem nur der Erstgeborene das Erbe antritt) wurde bis zum Jahr 1727 bei den Askaniern nicht angewandt. Das Erbe und somit aller Grundbesitz wurde bis dahin immer unter allen Söhnen aufgeteilt, was zu einer Zersplitterung und, damit verbunden, zu einer Einbuße an Macht und Einfluss im Heiligen Römischen Reich führte.

Fürst Friedrich Albert, Sohn von Fürst Victor Friedrich, verlegte die Jahrhunderte bestehende Residenz der Askanier-Nebenlinie Anhalt-Bernburg Mitte des 18. Jahrhunderts von Bernburg nach Ballenstedt. Der Sohn und Thronfolger Herzog Alexius Friedrich Christian nahm zu Beginn des 19. Jahrhunderts weitere Anbauten vor, so ließ er den Nordostflügel bis an das Schlosstor verlängern. Dessen Sohn, der letzte Herzog von Anhalt-Bernburg, Alexander Karl führte eine kinderlose Ehe und erkrankte psychisch schwer. Nach seinem Tod im Jahr 1863 fiel der gesamte Besitz an die Dessauer Nebenlinie unter Leopold IV. Da bereits im Jahr 1847 die Nebenlinie Anhalt-Köthen erloschen war, fand dann im Jahr 1863 eine Vereinigung der drei Linien zum Herzogtum Anhalt statt. In den folgenden Jahrzehnten diente das Schloss teilweise als Residenz und/oder Jagdschloss. Im Jahr 1918, nach Abdankung des Kaisers und mit der Übergabe der Regierungsgeschäfte an den ersten Kanzler der Deutschen Republik, Friedrich Ebert, war der Adel der Macht enthoben. Ab diesem Zeitpunkt, bis zum Ende des zweiten Weltkrieges, war das Schloss Wohnsitz der Familie von Anhalt. Nach dem Zweiten Weltkrieg wurde die Familie von Anhalt vertrieben und enteignet.

Joachim Ernst von Anhalt wurde von der sowjetischen Besatzung im KZ Buchenwald interniert, wo er auch verstarb. Sein Schicksal war besonders tragisch, da Graf Joachim Ernst ein ausgewiesener Gegner des NS-Regimes war. In der Zeit nach 1946 wurde auf dem Schloss eine Forstfachschule installiert, was zu einigen Umbauten sowie Zerstörungen der ursprünglichen Baulichkeiten führte. Seit der Wiedervereinigung bemühen sich die Stadt Ballenstedt sowie verschiedene regionale Fördervereine um die Wiederherstellung sowie Sanierung und

Restaurierung des Schlossensembles, zu dem neben dem Schloss auch der Große Gasthof, das Schlosstheater, der Marstall und der Schlosspark zählen.

Die Konradsburg

Die Konradsburg
bei Ermsleben Sa. Th.

Der Siedlungsplatz, drei Kilometer südlich von Ermsleben, gelegen auf einer 223 Meter hohen Bergnase mit Steilabfällen nach Norden, Westen und Süden, wurde nachweislich von Menschen schon seit der Jungsteinzeit genutzt. In vorgeschichtlicher Zeit war diese Hochfläche Sicherungsposten und Kultstätte. Später, nach der Christianisierung, wurden erste Befestigungsanlagen errichtet.

Wie fast üblich für die Harzregion, sind Bauherr und Baujahr der Konradsburg nicht bekannt. Erstmals urkundlich erwähnt wurde die Burg im Jahr 1040 als „Burchardus de Conrades-burch". Gelegen unweit der alten Heerstraße von Quedlinburg nach Eisleben, kann angenom-men werden, dass die Burg ursprünglich zum Schutze des Reichsgutes Harz angelegt wurde. Burgherren im 11. Jahrhundert waren die Grafen von Konradsburg. Selbige hielt es aber nicht lange auf ihrer Burg. Nach dem Jahr 1120 verließen die Konradsburger ihre Burganlage, um im Selketal die Burg Falkenstein zu errichten. Fortan nannten sie sich nur noch Falkensteiner.

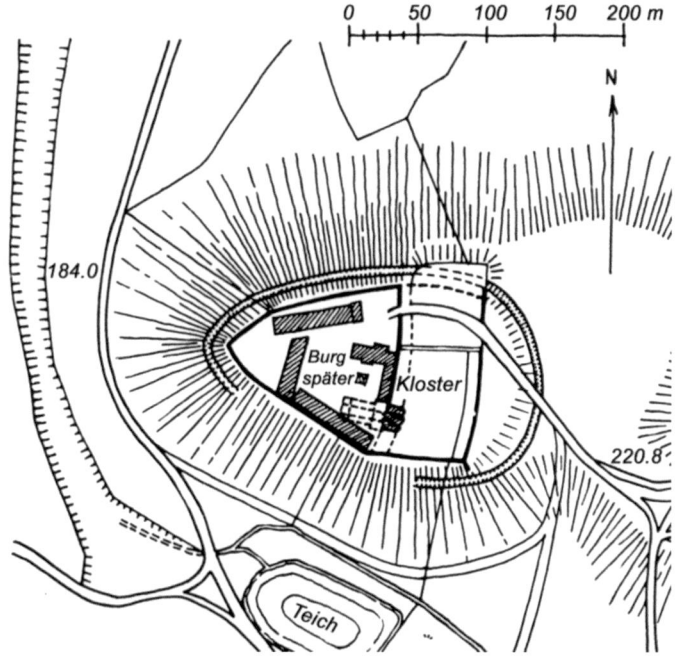

Konradsburg - Grundriss der Burg (später Kloster)
von H. Wäscher 1962, überarbeitet von H. Heindorf

Im Jahr 1133 wurde die Konradsburg dann in ein Benediktinerkloster umgewandelt, welches fortan für die folgenden Jahrhunderte ein geistiges und wirtschaftliches Zentrum für die Ost-harz-Region darstellte. Im 15. Jahrhundert folgte der Niedergang des Benediktinerklosters, der auf die gesellschaftlichen Veränderungen zurückzuführen sein dürfte. Ende des 15. Jahr-hunderts versuchten Kartäusermönche das Kloster zu übernehmen, gaben aber am Ende des

Bauernkrieges auf. Ab dem Jahr 1712 wurde die Konradsburg als Domäne landwirtschaftlich genutzt, was sich bis zum Jahr 1945 fortsetzte. Ab 1945 setzte dann ein rapider Verfall ein, dem erst 1982 durch eine Bürgerinitiative, die im Jahr 1990 im Förderkreis Konradsburg e.V. aufging, Einhalt geboten werden konnte.

Heutige Besucher erinnern weder Wehrtürme noch Bergfried oder Palas an die einstmals wehrhafte Burganlage. Trotzdem hat das Kloster die Grundzüge der Burg nicht verwischt. Ihr eiförmiger Grundriss ist deutlich zu erkennen, und archäologische Grabungen haben eine ursprüngliche Gesamtlänge der Anlage von 220 Metern ergeben. Auch von der dreischiffigen, romanischen Basilika des Klosters sind bis heute nur der hohe Chor und die darunter liegende Krypta erhalten geblieben. Der Chorraum vermittelt, trotz seiner Schlichtheit, höchst eindrucksvoll die Größe der einstigen Basilika. Die Krypta ist eine fünfschiffige, kreuzgratgewölbte Halle, getragen von Säulen und Pfeilern.

Kapitelle und Kämpfer, ausgestattet mit einer vielfältig beeinflussten Bauzier, geben Zeugnis der hervorragenden Baukunst um das Jahr 1200. Die an die Kirche angrenzende Bebauung lässt in den Grundzügen noch Ost- und Nordflügel des Klausurbereiches erkennen. Im Zentrum des einstigen Kreuzganges steht ein altes Brunnenhaus, ein zweigeschossiger Fachwerkbau, der vermutlich aus dem 18. Jahrhundert stammt. Darin befindet sich der über 45 Meter tiefe, wahrscheinlich noch aus der Burgzeit stammende Brunnen, mit einer technischen Schauanlage – einem „Eselstretrad" (Auszüge aus www. konradsburg.com).

Und wem es nach so viel Kulturgeschichte nach leiblichen Genüssen gelüstet, der sollte nicht verpassen, das zugehörige Galeriecafé zu besuchen. Übrigens sind auch die mittelalterlichen Mahlzeiten in der „schwarzen Küche" für Feiern und Gesellschaften ein echter Geheimtipp.

Die Stauffenburg

Gittelde ist eine Gemeinde am nordwestlichen Harzrand, die zur Samtgemeinde Bad Grund gehört. Der Flecken Gittelde muss ein uralter Siedlungsplatz gewesen sein. Schon aus der Zeit um das Jahr 950 stammt die erste Überlieferung über einen Großhof, der noch aus germanischer Vorzeit stammen soll. Er soll die Keimzelle der Siedlung gewesen sein, die Sitz eines sächsischen Edelmannes war.

Wie bei zahlreichen anderen Ansiedlungen dieser Zeit in der Harzregion gehörte zum Hof eine Anzahl unfreier Familien, die den Hof bewirtschafteten. In einer Überlieferung aus dem Jahr 950 sind die Besitzer des Hofes benannt. Es waren die Grafen von Billung, benannte Vasallen des sächsischen Königshauses. Hermann von Billung war Markgraf und zeitweise Stellvertreter von Kaiser Otto I.. Seine Gemahlin brachte Gittelde und andere Westharzer Güter als Erbgut in die Ehe ein. Diese Güter wurden von Otto I. erworben.

Die Stauffenburg bei Seesen (Harz um 1500

Unweit von Gittelde, zirka. 2,5 Kilometer südwestlich, auf einem dem Harz vorgelagerten Höhenzug, liegt die Ruine der Stauffenburg. Die Burg wurde wahrscheinlich um das Jahr 1050 auf einem nach Süden vorspringenden Bergkegel erbaut, der „Großer Schmalenberg" genannt wird. Sie wurde auf ehemaligem Reichsgut durch die Grafen von Katlenburg, in unmittelbarer Nähe zur alten Liesgauer Heerstraße, errichtet. Die Grafen von Katlenburg waren damals Reichsvögte und die Burg wurde zur Sicherung des aufstrebenden Bergbau- und Hüttenortes Gittelde erbaut. Vermutet wird, dass die Grafen von Katlenburg und die von Billung in einem verwandtschaftlichen Verhältnis standen.

Um das Jahr 1130 starben die Grafen von Katlenburg aus und die Burg ging als Erbe an die Welfen über, in Person von Heinrich dem Löwen. Die Ministerialenfamilie von Stauffenburg, die auch vorher schon die Burg bewohnte, blieb weiter ansässig. Auch ist von ihr der Burgenname abgeleitet. Im Jahr 1180, nach dem Sturz Heinrichs des Löwen, wird Friedrich I. „Barbarossa" Burgherr. Es folgte ein Jahrhunderte dauernder Besitzstreit zwischen den Welfen, dem Kaiserhaus und kirchlichen Instanzen, was die ehemalige Bedeutung der Burg veranschaulicht. Ab etwa dem Jahr 1429 gelangte die Stauffenburg dann endgültig in den Besitz der Welfen.

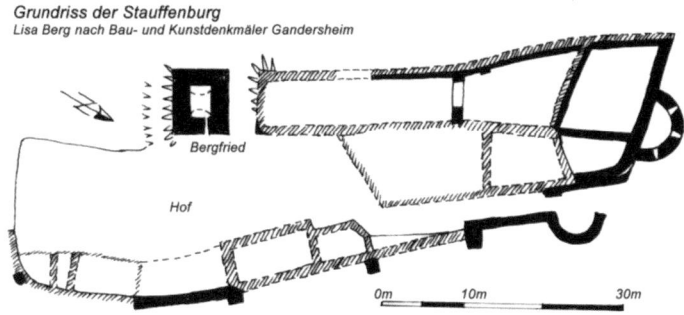

Grundriss der Stauffenburg
Lisa Berg nach Bau- und Kunstdenkmäler Gandersheim

Bergfried

Hof

0m   10m   30m

In der Zeit von 1495 bis 1522 erlebte die Burg dann ihre Glanzzeit als Witwensitz der Herzogin Elisabeth. In den Jahren von 1524 bis 1541 war die Stauffenburg Liebesnest von Herzog Heinrich dem Jüngeren von Wolfenbüttel. Er versteckte auf der Burg Eva von Trott als Geliebte, die ihm dort zehn Kinder gebar. Zuvor soll der Herzog Eva von Trott in einem Scheinbegräbnis zu Gandersheim für tot erklärt haben. In der Folge war die Burg Ruhesitz der Schwester des Herzogs Julius, Margarete.

Die Stauffenburg war in der Zeit des Spätmittelalters und der Renaissance politischer Innensitz der Welfen und ihr Staatsgefängnis. Im Jahr 1713 wurde der Amtssitz von der Burg in das im Tal liegende Vorwerk Lichtenhagen verlegt, das fortan Domäne Stauffenburg hieß.

Damit wurde der Burg ihre Bedeutung genommen, sie begann zu veröden. Aus dem Jahr 1654 zeigt ein Stich von Merian die Burg noch in guterhaltenem Zustand. Im Jahr 1776 wird noch von halbverfallenen Zimmern auf der Burg berichtet und bis 1778 wurde die Burg noch als Gefängnis genutzt, welches dann auch in der Domäne seinen Platz fand. Danach wurde die Stauffenburg als Baustofflieferant genutzt.

Die Stauffenburg ist heute eine Burgruine, die zum Teil restauriert und rekonstruiert wurde. Ein uralter Hohlweg führt auf den Bergrücken der Stauffenburg, der oben noch heute durch einen Halsgraben gesichert ist. Oben angekommen, trifft der erste Blick den Flankierturm des Haupttores. Von der ehemaligen Burganlage, die 200 x 90 Meter maß, sind noch viele bauliche Details zu erkennen. Im Zentrum der Kernburg befinden sich die Reste des quadratischen Bergfrieds von 7 x 7 Meter sowie 3 Meter Höhe. Auf einer Erhebung neben der Burg steht ein

Naturdenkmal. Die uralte Linde, mit einem Durchmesser von über 2 Meter, wurde nach Eva von Trott „Eva-Linde" benannt. Die Burgruine der Stauffenburg erlaubt einen weiten Blick nach Süden. Sie strahlt eine Atmosphäre aus, die zum Nachdenken, Besinnen, aber auch zum Verweilen einlädt. Einen gefüllten Picknickkorb mitzunehmen ist sicherlich nicht die schlechteste Idee.

Das Schloss Harzgerode

Was ist eigentlich der Unterschied zwischen einer Burg und einem Schloss? Ein Schloss ist Wohn- und Regierungssitz weltlicher oder geistlicher Landesherren und, im Gegensatz zur Burg, steht die Forderung nach behaglichem Wohnen und Repräsentation gegenüber der Wehrhaftigkeit im Vordergrund. Dieser „Duden-Definition" folgend ist das Schloss Harzgerode eher eine Burg.

Grundriss vom Schlosskern Harzgerode
Lisa Berg nach Kunstdenkmäler Sachsen-Anhalt

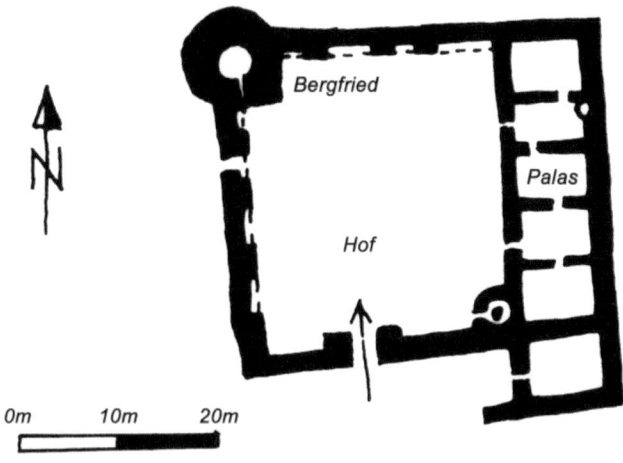

Harzgerode ist ein sehr alter Siedlungsstandort. Das genaue Alter der Rodung, nach der Harzgerode benannt wurde, ist nicht bekannt. Die erste urkundliche Erwähnung des Fleckens bezieht sich auf Harrikesrothe und stammt aus dem Jahr 936. Um das Jahr 970 gehörte die

Siedlung zum nahegelegenen Kloster Thankmarksfelde, das wiederum zum Kloster Nienburg/Saale gehörte. Erbaut wurde die Siedlung zum Schutz alter Heerwege und Bergwerke.

Im Jahr 1326 wurde eine Burg „Slot tho Hazekerode" erstmals genannt. Damals waren die askanischen Grafen bereits Lehnsherren. In den Jahren von 1549 bis 1552 erneuerte Fürst Georg von Anhalt die Burg. Ab 1635 wird die Burg zum Wohnsitz einer Nebenlinie des Hauses Anhalt-Bernburg und somit faktisch zum Schloss. Bis zum Jahr 1863 bleibt das Schloss Regierungssitz für die anhaltinischen Harzbesitzungen, dann wurde es als Residenz aufgegeben und mehrfach zum Verwaltungs- und Wohnbau umgestaltet.

Das Schloss gehört heute der Stadt Harzgerode und ist für Besucher zugänglich. Von der Stadtseite gelangt man durch eine rundbogige Toreinfahrt auf den Schlosshof. Die etwa 40 x 45 Meter messende Kastellanlage ist in die Stadtbefestigung einbezogen, deren Nordwestecke sie bildet.

Das Schloss ist mit einer bis zu 2,5 Meter starken Mantelmauer mit Wehrgang umgeben. Im Schloss sind heute die Stadtbibliothek, der Festsaal, in dem Konzerte und Veranstaltungen stattfinden, das Heimatmuseum, das Historische Kabinett, das Kaminzimmer, das Restaurant „Schlosskeller" sowie ein Schlosscafé beheimatet.

Die Burgruine Heinrichsburg

Hier möchte ich über eine Burgruine berichten, weitab von ausgetretenen Touristenpfaden, wie es sie zahlreich im Harz gibt. Jede dieser Burgen hat ihre eigene bewegte Geschichte, wovon vieles noch im Dunkeln liegt, so auch bei der Heinrichsburg nahe Mägdesprung. Sowohl Alter wie auch Bauherr sind unbekannt. Es wird vermutet, dass die in 349 Metern Höhe liegende Burg als Schutzburg für die nahen Hütten- und Bergwerke erbaut wurde. Wo Hüttenwesen und Bergbau betrieben und eine Burg errichtet wurde, da müssen auch schon befahrbare Wege vorhanden gewesen sein.

Die erste Nennung der Burg als „Iwanus miles de Heinrichsberge" ist für das Jahr 1290 verbrieft. Daraus folgend muss die alte Heerstraße von Gernrode bis nach Harzgerode zu dieser Zeit schon bestanden haben. Diese schloss dann an die alte „Hohe Straße" oder „Klausstraße" an, die westlich nach Braunlage und südöstlich ins Mansfelder Land führte. Im Jahr 1307 wurden für die Heinrichsburg die Grafen von Stolberg als Lehnsherren genannt. Für diese Zeit wird die Burg als Raubnest bezeichnet, wie die Mansfeldische Chronik berichtet.

37

Die Heinrichsburg bei Mägdesprung (?)

Weiter wird berichtet, dass im Jahr 1344 die Grafen von Hohnstein die Burg belagerten, einnahmen und die gefangen genommenen Räuber richteten. Doch schon im Jahr 1377 kam die Heinrichsburg zurück zu den Grafen von Stolberg. Im Jahr 1576 verpfändeten die Stolberger die Burg, die dann in den Alleinbesitz der Grafen von Anhalt kam. Bald danach muss die Burg aufgegeben worden sein, denn sie begann schon früh zu verfallen.

Eine letzte Nachricht stammt aus dem Jahr 1784, als Fürst Friedrich Albrecht von Anhalt-Bernburg in der Ruine ein kleines Jagdhaus mit Garten errichten ließ. Über den Verbleib des Jagdhauses gibt es keine Überlieferungen.

Heute führt die Ruine der Heinrichsburg ein Dornröschen-Dasein. Die Burganlage umfasst 65 x 200 Meter, wovon die Kernburg nur 20 x 20 Meter einnimmt. Auf einem Bergsporn gelegen, ist die Burg nur von Nordosten zu erreichen, in alle anderen Richtungen fällt der Berg steil ab. Besonders die Kernburg mit den zirka 5 Meter hohen Resten des 7 x 7 Meter umfassenden Bergfrieds sowie die teilweise 4 Meter hohe Ringmauer hinterlassen beim Besucher einen nachhaltigen Eindruck, der einer gewissen Mystik nicht entbehrt.

Der unmittelbar an der Burg vorbeiführende Hohlweg (alte Heerstraße) gestaltet ein Erreichen der Burgruine nicht allzu beschwerlich. Besucher parken ihr Fahrzeug am besten an der zu Gernrode gehörenden Ausflugsgaststätte „Sternhaus" direkt an der Landstraße 243 Gernrode-Mägdesprung und wandern dann den nach Mägdesprung ausgeschilderten Weg bis zur

Burgruine. Nach zirka 1,5 Kilometern weist auf der rechten Seite ein Schild auf die Burgruine hin.

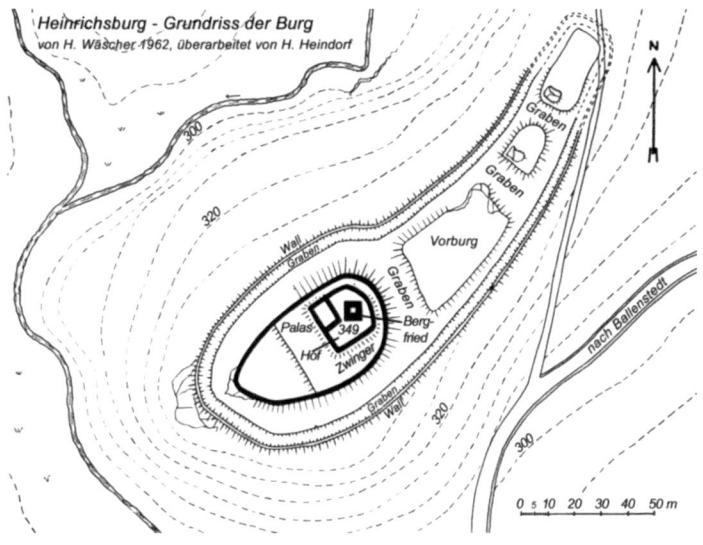

Heinrichsburg - Grundriss der Burg
von H. Wäscher 1962, überarbeitet von H. Heindorf

Wasserburg Zilly

Die alten Heerstraßen sind uns aus Schriften des Frühmittelalters überliefert, so auch die Heerstraße von Braunschweig über Osterwieck nach Halberstadt. Existent waren diese Heerstraßen natürlich schon weitaus früher, genutzt als Handelswege geht ihre Entstehung zum Teil bis in die Bronzezeit zurück.

An exponierten Stellen dieser alten Handelswege wurden Befestigungsanlagen errichtet. Die heutige Gemeinde Zilly, gelegen zwischen dem nördlichen Harzrand und dem Großem Bruch, unweit von Osterwieck, war solch eine exponierte Stelle. Am Wegesrand, inmitten sumpfigen Auen-Landes, wurde eine Wasserburg errichtet. Wann der Bau erfolgte und von wem ist nicht bekannt.

Zilly - Grundriss der Burg
von H. Wäscher 1962, überarbeitet von H. Heindorf

A - frühgotischer Kastellanbau an die Rundburg
B & C ältere Rundburg mit späteren Randbauten
D Bergfried der Wohnburg (A)

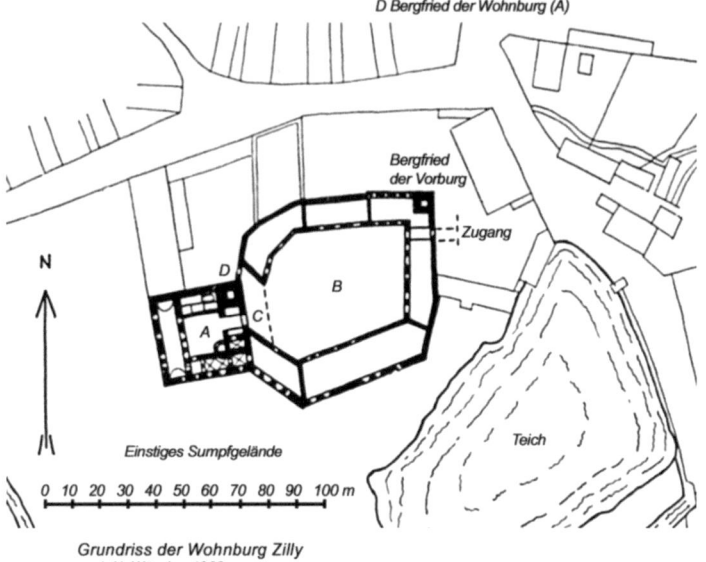

Grundriss der Wohnburg Zilly
nach H. Wäscher 1962
gezeichnet von Lisa Berg

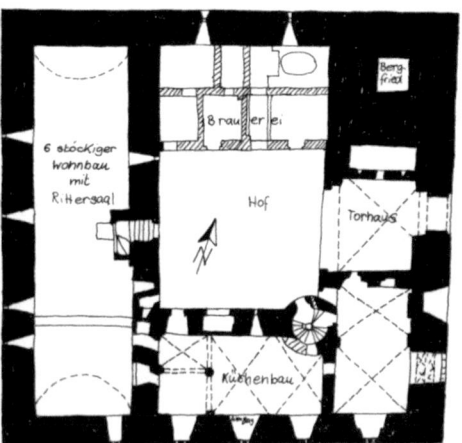

Da Halberstadt aber als „halvarastat" bereits im Jahr 814 genannt wird und Osterwieck eine sehr frühe und wichtige Rolle im Bistum Halberstadt spielte, kann auch von einem sehr frühen Bau ausgegangen werden. Aber erst im Jahr 1172 wurden die Burg „Xillingho" und die heutige Wüstung „Zillingen" erstmals erwähnt. Für das Jahr 1251 ist verbrieft, dass die Burg Zilly Lehen der Grafen von Regenstein war und dem Bistum Halberstadt gehörte. Es bildete sich dann aber ab ungefähr 1272 mit Ditmar von Zillingen ein eigener Burgadel, der dennoch der Regensteiner Oberhoheit unterstand. In dieser Zeit, im 13. Jahrhundert, fand eine umfangreiche Erweiterung der Burganlage statt.

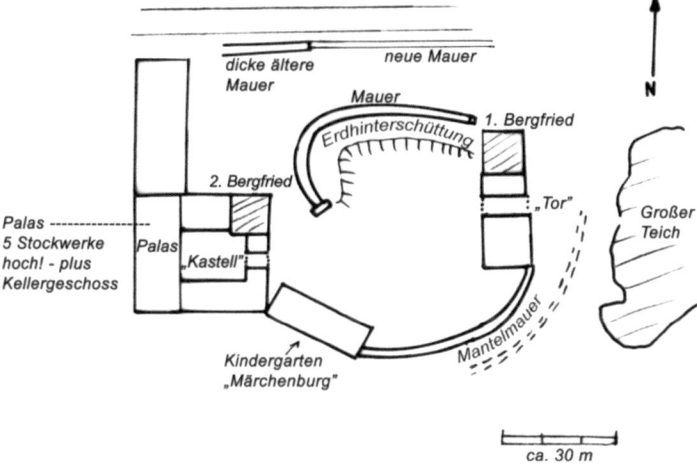

Zilly - „Kastell" in älterer Rundburg, vormals Wasserburg
Grobskizze von D. Schünemann 20.10.2003, Maßstab anhand F. Stolberg nachgetragen, überarbeitet von H. Heindorf,

Die ursprüngliche Rundburg, von zwei Wassergräben mit Zwischenwall konzentrisch umgeben, wurde nach Westen um einen quadratischen Kastellbau erweitert. Dieser Kastellneubau, mit den Maßen 32 x 30 Meter, übernahm fortan die Funktion der Hauptburg und degradierte den älteren Rundteil zur Vorburg. Im 14. Jahrhundert gerieten die Regensteiner Grafen zunehmend in Geldnöte und verpfändeten die Burg in verschiedene Hände, um ihre kostspieligen Fehden finanzieren zu können.

Im 15. Jahrhundert wurde die Burg erneut erweitert, und zwar an der Nordseite um einen Wirtschaftsbau und an der Südseite um einen Küchenbau mit Kellergeschoß. Im Jahr 1457 kam die Wasserburg Zilly dann endgültig in andere Hände. Eine Hälfte der Burg ging als

Lehen an Heinrich von Stolberg, die andere Hälfte an den Bischof und das Domkapitel von Halberstadt. Ab 1504 kamen Ort und Burg wieder vollständig an die Halberstädter Bischöfe, die die Burg in ein Amt umwandelten. Ab 1810 wurde die Wasserburg preußische Staatsdomäne, was sie bis zum Ende des Zweiten Weltkrieges blieb. Zu DDR-Zeiten hat die Bausubstanz der Burganlage stark gelitten.

Seit dem Jahr 1990 ist sie nun im Besitz der Gemeinde Zilly, deren Antlitz sie prägt, wird stückweise saniert und restauriert. Ihre Gesamtgröße ist mit 200 x 300 Meter beachtlich. Die Kern- oder Hauptburg mit Palas und Bergfried mit barocker Haube, beide sind ungefähr 30 Meter hoch, sind vollständig erhalten. Beeindruckend sind die Wappenfriese in dem Innenhof der Hauptburg. Die Vorburg ist teilweise erhalten und die Reste der ehemaligen Wassergräben stellt ein großer Teich dar. In der Burg sind heute einige Einrichtungen untergebracht, unter anderem eine Kindertagesstätte. Heiraten auf der Wasserburg Zilly ist seit dem Jahr 2004 möglich. Interessierte Paare melden sich bitte deshalb im Standesamt der Verwaltungsgemeinschaft Osterwieck- Fallstein.

Burgruine Scharzfels

Sie ist Vergangenheit, sie ist eine Ruine. Wo vor Jahrhunderten stolze Ritter in glänzenden Rüstungen ihre Blicke weithin ins südliche Harzvorland schweifen ließen, herrscht heute nur noch Nostalgie und Ehrfurcht vor den Leistungen unserer Vorfahren, die auf diesem Kalksteinfelsen, hoch über der Talebene, eine Trutzburg errichteten. Wann das war und wer, ist bis heute nicht bekannt. Zwischen den Dörfern Scharzfeld und Barbis, auf dem Weg nach Bad Lauterberg, erblickt man sie schon von weitem, die Burg Scharzfels.

Die Burg galt über Jahrhunderte hinweg als Bollwerk, das nicht einnehmbar war. Zu steil und zu zerklüftet waren die umgebenden Felsen, die einen natürlichen Schutzwall bildeten. Aber jede Ära geht einmal zu Ende, so auch die der Burg Scharzfels.

Im Siebenjährigen Krieg, im Jahr 1761, wurde die Burg durch einen französischen General erobert und dann zerstört. Dazu war aber immerhin eine Streitmacht von 11.000 Mann und, zu ihrer Zeit, modernste Kanonentechnik erforderlich. Und der Verrat eines Lauterbergers, der den Franzosen einen geheimen Weg auf den nahe liegenden Liethberg zeigte, wie die Legende besagt. Von dort konnten die Franzosen das dazwischen liegende Festungswerk Frauenstein zerstören und erobern, von dem aus dann die Feuerkraft den Scharzfels erreichte.

Zerstört wurde sie aber durch die Franzosen nur durch gelegte Sprengungen und Feuer. Es kann also mit Fug und Recht behauptet werden, die Bauherren der Burg waren nicht nur vorzügliche Baumeister, sie waren auch Strategen ihrer Zeit.

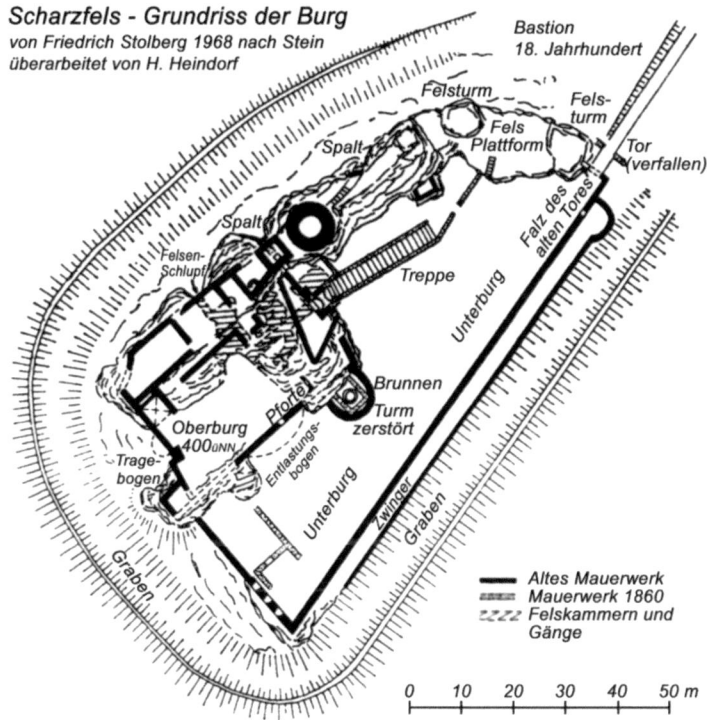

Die Forschung vertritt verschiedene Ansichten zur Entstehungsgeschichte der Burg. Erstmals erwähnt wurde Scharzfels in einer Urkunde von Kaiser Otto I., aus dem Jahr 972, nach welcher er, neben anderen Gütern, auch Scharzfels an das Kloster Pöhlde schenkte. Es wird angenommen, dass die Burg schon kurze Zeit später an die Grafen von Lauterberg ging. Verbrieft ist dagegen, dass sie im 11. Jahrhundert kaiserliches Reichslehen wurde und als solches, im Jahr 1091, von Kaiser Heinrich IV. an den Edlen Wittekind von Wolfenbüttel gegeben wurde. Da Wittekind im Jahr 1118 ohne Erben starb, kam die Burg wieder an das Kaiserreich zurück.

43

Burg Scharzfels im Harz / W

Im Jahr 1130 wurde Scharzfels zur Reichsburg ausgebaut. Heinrich der Löwe erhielt 1157 von Kaiser Friedrich Barbarossa in Goslar den Lisgau und die Grafschaft Harzwalde als Belohnung geschenkt. Der Kaiser führte zudem auch einen Tausch von erblichem Eigentum durch, in dem Heinrich unter anderem die Burg Scharzfels erwarb. Nach dem Kampf zwischen Heinrich und dem Kaiser und der endgültigen Niederlage von Heinrich, musste dieser den Scharzfels zurückgeben. Der Kaiser übergab die Grafschaft Scharzfels-Lauterberg wieder den gleichnamigen Grafen als Lehen. Im Jahr 1372 starb das Geschlecht der Grafen von Lauterberg aus. Im Jahr 1402 übernahmen die Grafen von Hohnstein die Besitzungen, die aber ihrerseits im Jahr 1593 ausstarben.

44

Die Burg Scharzfels, samt Grafschaft, fiel dann an die Herzöge von Braunschweig und Grubenhagen, aber auch dieses Geschlecht starb im Jahr 1617 aus. Die Lüneburger Welfenlinie übernahm die Burg, baute sie zur Garnison und Festung (Gefängnis) aus. Nach ihrer Zerstörung im Jahr 1761 begann König Georg V. im Jahr 1857 mit Neubauten im neoromanischen Stil: monumentaler Treppenaufgang zur Oberburg, Brunnenhaus und äußeres Tor. Das Tor ist verfallen, der Treppenaufgang ist inzwischen erneuert und Mauerreste wurden gesichert, nur das Brunnenhaus ist erhalten. Die Burg Scharzfels, die aus Ober- und Unterburg besteht, beeindruckt heute besonders durch die gelungene architektonisch-strategische Verbindung von Baulichkeit mit gewachsenem Fels und natürlichen Hohlräumen und Höhlen.

Die Burg Kyffhausen

Der Kyffhäuser ist ein kleines Mittelgebirge, das sich südöstlich des Harzes und der Goldenen Aue erstreckt. Mit seinen 19 Kilometern Länge und 7 Kilometern Breite zählt der Kyffhäuser zu den kleinsten Mittelgebirgen in Deutschland. Trotzdem hatte er, als dem Harz vorgelagerte Bastion, besonders in der Völkerwanderungszeit sowie dem folgenden Mittelalter, eine große strategische Bedeutung. Er war eine Art Brückenkopf zwischen dem Harz und Thüringen. Diese Bedeutung machte ihn zum prädestinierten Burgenbaustandort. Und wie das nun mal so ist, wenn sich viele tummeln, die das gleiche Ziel und den gleichen Zweck verfolgen, gibt es Sieger und Verlierer, Platzhirsche und Mitläufer.

Platzhirsch im Kyffhäuser ist unstrittig die Burg Kyffhausen. Heute wissen wir durch umfangreiche archäologische Untersuchungen, dass der Kyffhäuser sicherlich schon zur Bronzezeit besiedelt war und seine Gipfel als Höhensiedlungen genutzt wurden. Besonders Günter Behm-Blancke erwarb sich mit seinen Forschungen in den 50-er und 60-er Jahren des vergangenen Jahrhunderts diesbezüglich große Verdienste.

Aus Überlieferungen wissen wir auch, dass der Kyffhäuser in der Zeit der Kämpfe der Franken gegen die Thüringer, in der Zeit um 530, eine bedeutende Rolle einnahm. Nachdem die Thüringerherrschaft durch die Franken gebrochen worden war, wurden Fronhöfe errichtet und fränkische Adlige siedelten sich in dieser Region an. Erste Schutzbauten aus Stein wurden errichtet. Aber erst nachdem die Liudolfinger die Königswürde übertragen bekommen hatten, wurde diese Steinbautätigkeit perfektioniert. Unter dem Sachsen Heinrich I. bekam durch dessen Burgenbauverordnung, der Burgenbau in der Harzregion regen Aufschwung. Das Reichsgut des neuen Reiches, des Heiligen Römischen Reiches Deutscher Nation, brauchte Schutz. So entstanden rund um den Harz zahlreiche Großburgen, die als Reichsburgen dienten. So auch die Burganlage Kyffhausen, die eigentlich aus Ober-, Mittel- und Unterburg besteht, aber immer als Ganzes betrachtet wird.

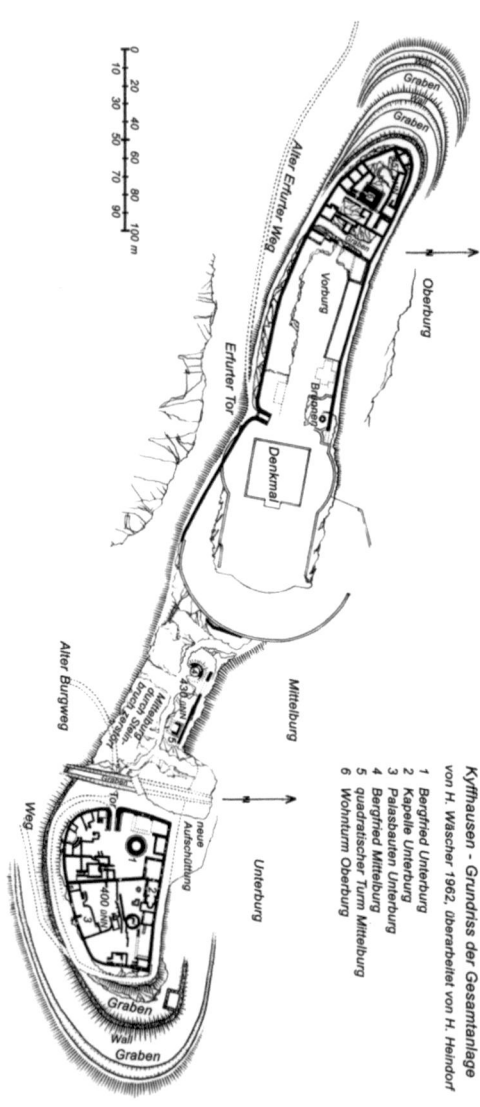

Kyffhausen - Grundriss der Gesamtanlage
von H. Wäscher 1962, überarbeitet von H. Heindorf

1 Bergfried Unterburg
2 Kapelle Unterburg
3 Palasbauten Unterburg
4 Bergfried Mittelburg
5 quadratischer Turm Mittelburg
6 Wohnturm Oberburg

Die mittelalterliche Steinburg ist vermutlich im 10.Jahrhundert entstanden und diente zum Schutz der aufstrebenden Königspfalz Tilleda, die sich in unmittelbarer Nähe befand.

Kyffhausen war wohl seit Heinrich I. Reichsburg und wurde auch von den Deutschen Königen erbaut und erweitert. Ihr heutiger Name Kyffhausen leitet sich von Cuffese, soviel wie Kopf oder Kuppe, ab. Es wird davon ausgegangen, dass die dreiteilige Burganlage erst unter den Saliern, besonders unter Heinrich IV. mit seinem neuerlichen Burgenbauprogramm, entstand. Doch diese Burganlage hatte nicht lange Bestand, denn bereits unter Heinrich V. und dem von ihm weitergeführten Sachsenkrieg kam es zur Zerstörung von Kyffhausen im Jahr 1118.

Zuvor war es am 11. Februar 1115 zu einer entscheidenden Schlacht am Welfesholze bei Hettstedt zwischen dem kaiserlichen Heer und den sächsischen Widersachern gekommen. Das kaiserliche Heer, unter Graf Hoyer von Mansfeld, wurde vernichtend geschlagen; ein Teil der überlebenden Truppen flüchtete sich auf die Burg Kyffhausen. Diese wurde dann von den Truppen des sächsischen Adels belagert. Dass Kyffhausen sehr wehrhaft war, verdeutlicht die lange Belagerungszeit, die drei Jahre in Anspruch nahm. Dann aber war auch diese gewaltige Burganlage erobert. Wie der Chronist des Klosters Goseck berichtete, fanden dabei 2.000 königstreue Burgmänner den Tod, die Burg wurde abgebrannt und geschleift. Aber unmittelbar nach Beendigung des Konfliktes mit den sächsischen Fürsten wurde Kyffhausen wieder aufgebaut und sogar in vielen Bereichen, besonders der Oberburg, verstärkt.

Schon um das Jahr 1150 muss die Burg wieder gestanden haben, denn sie wird urkundlich von Konrad III. sowie Friedrich I. erwähnt. Auch unter Heinrich VI., der seine Herrschaft im Konflikt mit Heinrich dem Löwen verbrachte, spielte die Königspfalz Tilleda und die Burg Kyffhausen noch eine bedeutende Rolle.

Doch nach dieser Herrschaftsepoche scheint der Glanz von Tilleda und Kyffhausen verblasst zu sein. Die Reichsburg verliert ihren Status und wird zur „einfachen" Feudalburg. Letztmalig sind für 1231 Reichsministeriale für Kyffhausen bezeugt. Kaiser Rudolf von Habsburg setzte im Jahr 1291 den aufstrebenden Thüringer Grafen Friedrich von Beichlingen-Rothenburg als Burggraf ein. Da die Kaisermacht in der Folgezeit absank und anscheinend kein Interesse an dem Reichsgut Kyffhäuser bestand, konnten die Beichlinger Grafen den Lehensbesitz wie Erbgut behandeln. Trotzdem blieb die Burg Reichsgut und die im 14. Jahrhundert herrschenden Könige Ludwig IV. und Karl IV. verwiesen auf diesen Reichsanspruch und belehnten die Anhaltiner mit der Burg, die aber nie in deren Besitz kamen.

Nach wechselvollen Besitzverhältnissen gelangten die Wettiner Landgrafen in den Besitz der Burg und verpfändeten den neu erlangten Besitz im Jahr 1378 an die Grafen von Schwarzburg. Im Jahr 1407 gelangten die Schwarzburger dann endgültig in den Besitz von Kyffhausen. Doch die große Zeit dieser mächtigen Burg war vorüber. Die Verteidigungsanlagen der

Burganlage waren veraltet, und auch die Nutzbauten erfüllten wohl nicht mehr die Ansprüche dieser Zeit. Die Grafen von Schwarzburg wollten oder konnten nicht modernisieren, zumal auch die strategische Bedeutung schwand. Bereits im Jahr 1420 wird in der „Düringschen Chronik" von einem wüsten Schloss Kyffhausen berichtet. Allerdings soll es damals noch Bewohner gegeben haben. Im 16. Jahrhundert aber war die einst gefürchtete und gewaltige Burg, bis auf ihre Kapelle, eine Ruine.

Das blieb sie bis in unsere Tage. Diese alte, mächtige Reichsburg war aber auch als Ruine zu allen Zeiten ein beliebter Wallfahrtsort und wohl auch ein Ort für Glücksritter, die der Sage gemäß in den verfallenen Gemäuern nach den verborgenen Schätzen des Kaisers suchten. Vieles ist noch zu sehen und zu bestaunen, und zu dem Alten ist Neues hinzugekommen. Im Jahr 1890 wurde mitten in den Bereich zwischen Mittel- und Oberburg das Kyffhäuserdenkmal gebaut. Kyffhausen ist immer einen Besuch wert, egal ob als Gast, Urlauber oder Heimatinteressierter.

Genießen Sie den außergewöhnlichen Ausblick, der veranschaulicht, warum dieser Burgenstandort von solch strategischer Bedeutung war und lassen Sie einfach Ihrer Phantasie freien Lauf. Eine detaillierte Beschreibung von Kyffhausen, mit ihren drei Burgen, würde in diesem Beitrag den Rahmen meiner Ausführungen sprengen. Sie müssen sich schon aufmachen, auf den Burgberg des Kyffhäusergebirges, und alles selbst in Augenschein nehmen.

Zu besonders gut erhaltenen Unterburg gelangt man vom Ost-Ende des großen Parkplatzes gemäß der Wegführung meines Planes.

Schloss Mansfeld

Fährt man auf der Harzhochstraße aus Richtung Harzgerode in östliche Richtung, liegt an den Ausläufern des Harzes die beeindruckende Silhouette von Stadt und Schloss Mansfeld. Das kleine, vom Talbach durchflossene Städtchen am Ostharzrand wird östlich überragt von der gewaltigen Schloss- und Festungsanlage zu Mansfeld. Die Anfänge des Ortes Mansfeld werden im 4 Kilometer entfernten Klostermansfeld vermutet. Eine Urkunde aus dem Jahr 973 erwähnt die Siedlung Mannesfeld in einem Tauschvertrag zwischen dem Kloster Fulda und dem Erzbistum Magdeburg.

Die Entwicklung des Ortes, wie auch der Region, war in starkem Maße abhängig von dem Feudalgeschlecht der Grafen von Mansfeld. Deren Stammburg wurde vermutlich im 11. Jahrhundert erbaut, als erster Graf ist um das Jahr 1060 Graf Hoyer von Mansfelth überliefert. Burg und Siedlung waren damals Halberstädtisches Lehen.

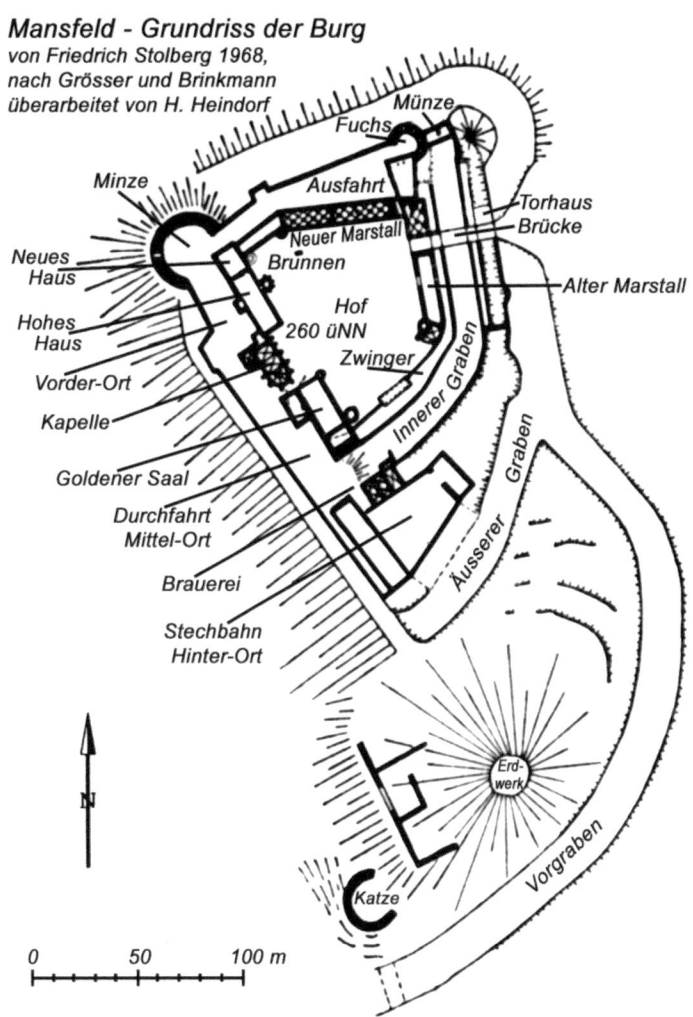

Mansfeld - Grundriss der Burg
von Friedrich Stolberg 1968,
nach Grösser und Brinkmann
überarbeitet von H. Heindorf

Münze
Fuchs
Ausfahrt
Torhaus
Brücke
Minze
Neuer Marstall
Neues Haus
Brunnen
Alter Marstall
Hof
260 üNN
Hohes Haus
Zwinger
Vorder-Ort
Innerer Graben
Kapelle
Goldener Saal
Äusserer Graben
Durchfahrt
Mittel-Ort
Brauerei
Stechbahn
Hinter-Ort
N
Erd-werk
Vorgraben
Katze
0   50   100 m

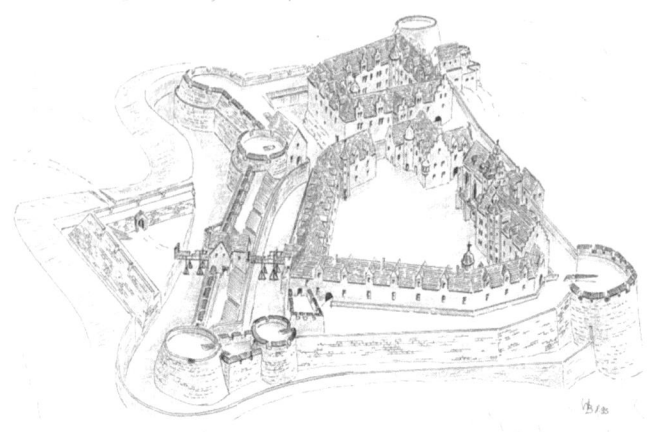

Schloß Mansfeld 1/4 ½

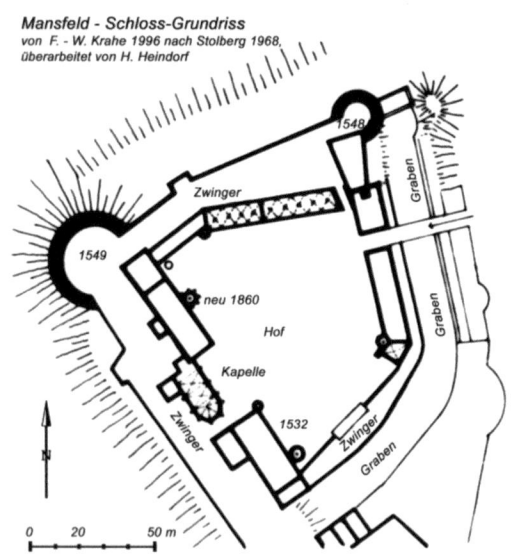

Mansfeld - Schloss-Grundriss
von F. - W. Krahe 1996 nach Stolberg 1968,
überarbeitet von H. Heindorf

1548

Zwinger

1549

neu 1860

Hof

Kapelle

1532

Zwinger

Zwinger

Graben

Graben

Graben

N

0   20   50 m

Die erste schriftliche Erwähnung der Burg „castrum Mansfelth" stammt aus dem Jahr 1229. Im Jahr 1267 tauschte Graf Burchhard II. das Lehen gegen Nebra, Hedersleben und Bennstedt ein.

Schloss Mansfeld, Stich von M. Merian um 1650 (aus eigenem Archiv)

Burg und Siedlung waren von nun an uneingeschränkter und vererbbarer Besitz der Mansfelder Grafen. Bereits im 14. Jahrhundert war die Burg mit Mauern, Gräben, Türmen, vier Toren und zwei Pforten relativ stark befestigt, davon ist heute nichts mehr erhalten. Im Laufe der Jahrhunderte wurde der gesamte Bergrücken, ungewöhnlich großflächig, über 170 x 370 Meter bebaut. Auch die gotische Schlosskirche St. Georg wurde im 15. Jahrhundert erbaut und um das Jahr 1480 gewölbt.

Eine Gesamtanlage, die ihresgleichen sucht. Durch mehrfache Erbteilung der Burganlage im 15. und 16. Jahrhundert entstanden immer wieder neue Bauten, oder Umbauten wurden vorgenommen. Besonders nach einer Erbteilung im Jahr 1501 begannen die Grafen, besessen von Bauleidenschaft und dem Wunsch sich gegenseitig zu übertreffen, den Bau von drei repräsentativen Schlössern im Renaissancestil. Trotzdem wurde Wert darauf gelegt, eine Aufteilung der Stammburg zu vermeiden. Die Erbteilungen führten soweit, dass sich ab dem Jahr 1522 die Grafen, nach ihrem Teilbesitz, innerhalb der Burg benannten: Mansfeld-Vorderort, -Mittelort und -Hinterort. Mitte des 16. Jahrhunderts kam es zu Zwistigkeiten zwischen den Familienzweigen auf der Burg. Auf kaiserlichen Befehl wurden diese beigelegt und die Burg anschließend zur Festung ausgebaut. Es folgte der Dreißigjährige Krieg mit zahlreichen einschneidenden Ereignissen, auch für die Burg. In diesem Krieg wurde das „Haus Mansfeld 80 mal abgelöst und 5 mal belagert", die Burg kam dabei aber nicht zu Schaden.

51

Auf Befehl des Kurfürsten von Sachsen wurden im Jahr 1674 die Festungsbauten geschleift, wozu „400 Mann und 30 Bergleute" eingesetzt wurden. In der Folgezeit verfiel auch, bis auf Vorderort, die gesamte Burganlage mit ihren Schlössern.

Im Jahr 1780 verstarb Graf Johann Wenzel Nepomuk, er war der letzte Mansfelder Graf. Die Burganlage fiel an Preußen, und im Jahr 1790 wurde die gesamte Burganlage an Bergrat Bückling verkauft, der Teile der Anlage planmäßig abbrechen ließ. An der Stelle des alten VorderOrt-Schlosses wurde ein Landhaus im Zopfstil errichtet. Dieses wiederum musste im Jahr 1860 dem heutigen neugotischen Bau, unter Freiherr Adolf von der Recke, weichen. Heute ist aus dem alten Bestand nur noch die Kirche erhalten, alle anderen Bauten liegen in Schutt und Asche. Die Burg- und Schlossanlage war im 16. und 17. Jahrhundert, nach damals geltenden Prinzipien, eine der stärksten deutschen Festungen.

Heute wird die Anlage als christliche Jugendbildungs- und Begegnungsstätte genutzt. Eigentümer ist der Förderverein Schloss Mansfeld e.V.. Die ehemalige Festungsanlage, mit ihren drei Schlössern, ist als „Kulturdenkmal mit besonderer nationaler Bedeutung" eingestuft. Zahlreiche Sanierungsarbeiten, insbesondere an den vorhandenen Bauwerken, wurden bereits ausgeführt. Zukünftig soll die Gesamtanlage in vollem Umfang der Öffentlichkeit, als ein bedeutendes Zeugnis deutscher Kultur- und Baugeschichte, zugänglich gemacht werden.

Die Burgruine Birkenfeld

Hoch über den Ufern der Bode, gegenüber dem kleinen idyllischen Höhlen-Ort Rübeland, liegen die Reste der mittelalterlichen Burg Birkenfeld. Hat man den steilen Aufstieg am rechten Bodeufer zur Ruine Birkenfeld geschafft, bietet sich ein wunderschöner Blick über Rübeland und das Bodetal, bis zum Brockenmassiv.

Birkenfeld war einmal eine kleine Schutzburg mit Wirtschaftshof, Vorburg, Unter- und Oberburg. Den besten Eindruck von der ehemaligen Burganlage vermittelt ein rechteckiger Wohnturm mit den Abmessungen 8,4 x 11,5 Meter, der 1,65 Meter dicke Mauern aufweist und noch in einem 5 Meter hohen Stumpf erhalten ist. Dieser Turm trägt einen neuzeitlichen Aufbau (Schützenhaus).

Über die Burg Birkenfeld gibt es nur wenig Überliefertes. Offenbar war die Burg zum Schutz der Rübeländer Eisenhütten sowie als Grenzposten des Bodfelder Forstes angelegt worden.

Wann und von wem sie erbaut wurde ist nicht bekannt, neueste Erkenntnisse lassen aber vermuten, dass die Burg bereits im 9. Jahrhundert entstanden ist. Aus dem Dunkel der Geschichte tritt die Burg nie wirklich heraus.

Burg Birkenfeld bei Rübeland Harz, ca. 243.

Im Jahr 1134 wurde ein Werner von Berkefeld erwähnt, der grubenhagenscher Burgmann auf Windhausen und derPipinsburg im Südharz war und als Namensgeber genannt wird. Von 1335 bis zum Jahr 1443 gab es ein nach der Burg benanntes Ministerialengeschlecht.

53

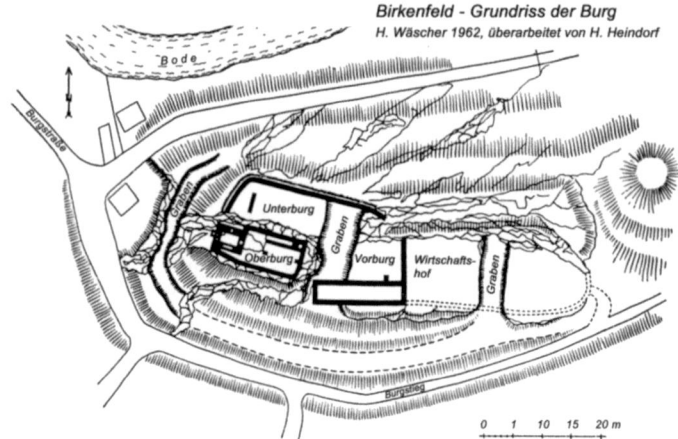

Birkenfeld - Grundriss der Burg
H. Wäscher 1962, überarbeitet von H. Heindorf

Der wirklich einzige konkrete Hinweis auf diese Burg stammt aus dem Jahr 1361, da ernannte der Halberstädter Bischof Ludwig „die gestrengen Heisin un de Dytherich von Barkinvelde" zu Vögten auf seiner nahen Burg zu Königshof. Auch wann der Verfall der Burg begann, ist nicht bekannt. Bereits im Jahr 1654 hatte Merian sie als Ruine dargestellt. In der Vorhalle der Baumannshöhle in Rübeland ist ein Rekonstruktionsmodell der Burg von dem Architekten Hermann Wäscher zu sehen.

Die Harzburg

Unzählige Burgen gibt es in der Harzregion, aber nur eine davon trägt den Namen des Gebirges, die Harzburg. Eigentlich handelt es sich um zwei Burganlagen, die der Kleinen und die der Großen Harzburg. Geschichtlich tritt nur die Große Harzburg in Erscheinung.

Die Kleine Harzburg bleibt im Schatten der Großen, und auch um sie gibt es wohl mehr Sagen und Legenden als Fakten. Fakt ist, dass König Heinrich IV. um das Jahr 1065 diese Burgfeste als Reichsburg erbauen ließ. Zu dieser Zeit war Heinrich IV. im jugendlichen Alter von 15 Jahren. Er wurde von Erzbischof Adalbert von Bremen beraten und versuchte, das Erbe seines Vaters, Kaiser Heinrichs des III., zu bewahren und auf dessen Wegen weiterzuschreiten. Das war schwer genug, da nach dem frühen Tod des Vaters über Jahre hin ein Machtvakuum bestanden hatte.

Gr. und Kl. Harzburg nebst Dorf Schulenrode

Wie der zeitgenössische Chronist Lampert von Hersfeld berichtet, versuchte Heinrich IV. die Königsherrschaft in der Harzregion zu festigen, indem er einen Ring neuer Burgen errichten ließ. Die Hartesburg, wie sie damals im Mittelalter hieß, war eine davon. Doch der König sollte sein Werk nicht vollenden. Zu stark war der Widerstand der sächsischen Grafen und des „Antreibers" Bischof Buko von Halberstadt gegen die Machtpolitik des Königs.

Im Jahr 1073 kam es dann zum „Sachsenkrieg". Unter Führung von Otto von Northeim und dem Halberstädter Bischof vereinigten sich sächsische Landbevölkerung und sächsischer Adel, um gemeinsam gegen Heinrich vorzugehen. Sie belagerten die Harzburg, Heinrich IV. konnte zwar auf mysteriöse, bis heute ungeklärte Weise fliehen, aber seine stolze Harzburg wurde geschleift. Dies war der Anfang vom Ende der Harzburg, die keine 10 Jahre alt war und nie wieder ihren großen, aber kurzen Glanz zurück erhielt. Zwar obsiegte am Ende, in der Schlacht von Homburg an der Unstrut, Heinrich IV. endgültig, aber die politischen Ziele des

Saliers waren zunichte gemacht worden. Auch sein Sohn Heinrich V. konnte diesbezüglich keine Trendwende einleiten.

Große Harzburg auf dem Großen Burgberg -
Grundriss der Burg
nach Nehring, aus F. Stolberg 1968, überarbeitet von H. Heindorf

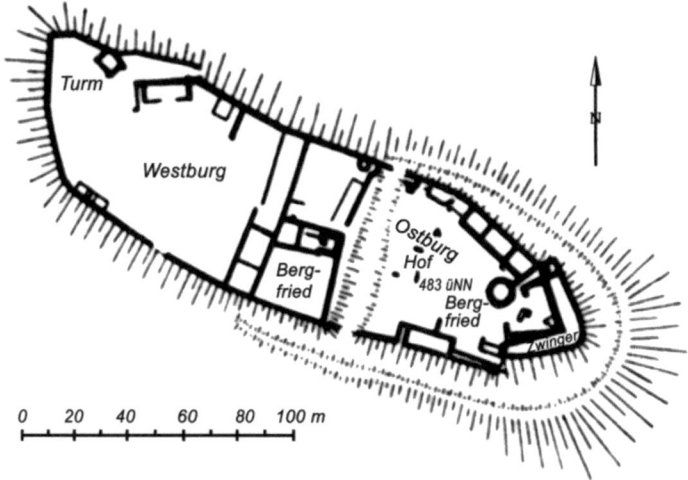

Erst etwa 100 Jahre später nahm sich Kaiser Friedrich I. Barbarossa der Harzburg an und baute sie bis zum Jahr 1180 wieder auf. Der Sohn Heinrichs des Löwen, Kaiser Otto IV., vollendete den Wiederaufbau und verstarb im Jahr 1218, als letzter Kaiser, der auf ihr wohnte und wirkte, auf der Harzburg. Die unmittelbare Funktion als Reichsburg war aber verloren gegangen.

Otto IV. hatte, laut Testament, die Burg an das Reich zurückgegeben. Die Grafen von Wohldenberg wurden als Lehnsherren auf der Burg eingesetzt und kamen später ganz in ihren Besitz. Im Jahr 1269 verpfändeten die Wohldenberger die Burg an die Grafen von Wernigerode.

In den folgenden Jahrhunderten waren die Besitzverhältnisse unübersichtlich, geprägt von zahlreichen Besitzerwechseln, aber immer im Einfluss der Welfen. Die Harzburg musste im 15. Jahrhundert einige Belagerungen überstehen, verlor zunehmend an Bedeutung und war dem Verfall preisgegeben. Eine geplante Instandsetzung mit großzügigem Umbau, unter Herzog Julius von Braunschweig um das Jahr 1574, blieb aus Kostengründen unrealisiert. Stattdessen wurde der Amtssitz von der Harzburg nach Bündheim verlegt.

Zerstörte Harzburg

Die Harzburg hatte ihre letzte Bedeutung verloren. Im Jahr 1650 erlässt Herzog August der Jüngere den Abbruchbefehl, allein zwei Kapellen blieben verschont. Im Jahr 1842, also etwa 190 Jahre später, erlangt die Harzburg wieder eine gewisse Bedeutung. Ein Gasthaus wurde errichtet und die Ruine der Harzburg wurde zum Anziehungspunkt für den Fremdenverkehr.

Es wurde begonnen die Harzburg zu untersuchen und zu erforschen. Erste Erkenntnisse gewann im Jahr 1867 Gastronom Reusche, Wirt des Gasthauses „Zum Crodo". Er ließ den in den Felsen gehauenen, völlig verschütteten Kaiserbrunnen entleeren. Dabei wurde in etwa 20 Meter Tiefe ein gemauerter Gang in der Brunnenwand gefunden, der allerdings nach ungefähr 7 Metern verschüttet war. Welchen Zweck hatte dieser Gang, wäre durch ihn die mysteriöse Flucht von Heinrich IV. zu erklären?

Im Jahr 1898 ließ der Gastronom eine Wasserleitung auf den Burgberg bauen. Bei den erforderlichen Erdarbeiten wurde auf einer Strecke von 40 Meter eine uralte Wasserleitung gefunden. Von 1902 bis 1904 nahm R. Nehring archäologische Grabungen vor, die ab dem Jahr 1960 durch H. A. Schultz fortgesetzt wurden. Diese Wasserleitung aus 52 Zentimeter langen Tonröhren wird der Salierzeit zugeordnet und war insgesamt ungefähr 1,3 Kilometer lang. Ihren Ursprung hatte sie in einem aus Granitblöcken gemauerten Staubecken im Hang des Spüketales.

Beachtenswert ist, dass diese Wasserleitung exakt nach den Plänen des Marcus Vitruvius Pollio erbaut wurde, der Konstrukteur und Planer unter Cäsar war. In jenem Zusammenhang

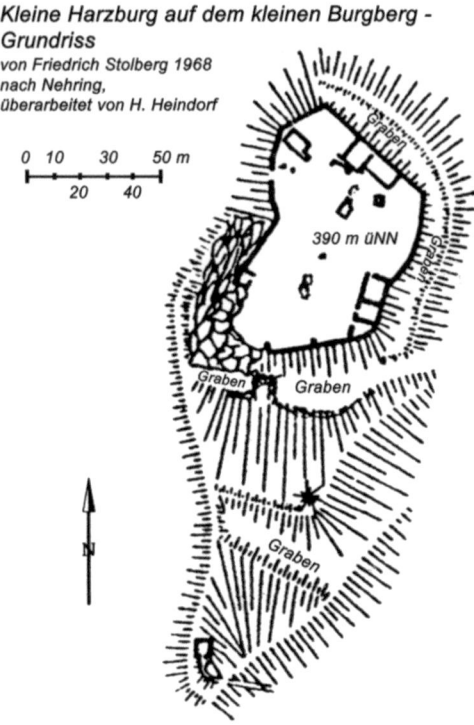

Kleine Harzburg auf dem kleinen Burgberg - Grundriss
von Friedrich Stolberg 1968
nach Nehring,
überarbeitet von H. Heindorf

0 10   30   50 m
    20   40

390 m üNN

Graben

Graben

Graben

N

sei auch eine alte Sage erwähnt, die eine Burg an dieser Stelle schon der Zeit Cäsars zuschreibt. Es ist anzunehmen, dass diese Wasserleitung schon bei der geschilderten Burgbelagerung im Jahr 1073 vorhanden war. Eine Angabe aus einer Schrift des Hochmittelalters, dem „Carmen de bello Saxonico", dessen Verfasser leider unbekannt ist, weist bei der Schilderung der Schlacht darauf hin, dass die Sachsen der Burg die Zufuhr aus der Quelle abschnitten. In dem Zusammenhang gibt auch die erwähnte kleine Harzburg Rätsel auf. Ihr Sondername ist „Alte Burg", was auf eine Gründung vor der Reichsburg hinweist.

Eine weitere ungeklärte Besonderheit der Harzburg ist die „Harzburger Höhle", die oft in Sagen und Mythen vorkommt. Es ist ein, am Nordhang des großen Burgberges, bergmännisch angelegter Stollen von 7 Meter Tiefe, 2 Meter Höhe und 1,5 Meter Breite, der blind endet.

Bei so vielen Geheimnissen und Mythen ist es kein Wunder, dass diese ehemalige Kaiserpfalz heute einen touristischen Anziehungspunkt darstellt. Aber lassen Sie sich überraschen und in eine mittelalterliche Zeit zurück versetzen. Damit ein Besuch nicht allzu beschwerlich ist, gibt es heute eine moderne Burgbergseilbahn in Bad Harzburg.

Die Gersdorfer Burg

Und wieder eine Burgruine im nördlichen Harzvorland, wieder viele Mythen und Legenden. Im Umfeld der Wiege Deutschlands, des Stifts und der Pfalz Quedlinburg, gab es nach dem Herrschaftsantritt Heinrichs I. (Heinrich der Burgenbauer) zahlreiche Burgen. Sein Sohn und Nachfolger Otto I. setzte diese Strategie der Errichtung von Schutz- und Befestigungsbauten fort.

Die Gersdorfer Burg bei Quedlinburg ca. Aufg.

Eine der Burgen, die vermutlich in dieser Zeit des 10. Jahrhunderts entstanden, war die Gersdorfer Burg. Vermutet wird auch, dass die Gersdorfer Burg die Stammburg von Graf Thietmar war, dem Erzieher und Vertrauten von Heinrich I. und Vater von Markgraf Gero. Sicher verbrieft dagegen ist, dass im Jahr 961 eine „villa Gerwigesthorp" im Harzgau erstmals genannt wurde.

Im Jahr 1155 wird Buchardus de Gersthorp als Lehnsherr des Quedlinburger Stifts genannt, und im Jahr 1179 wurde eine Burg im Besitz dieses Damenstifts genannt, auf der die Herren von Gerstorp saßen. Im Jahr 1303 erneuerte Graf Gardun von Hadmersleben die Gersdorfer Burg, die ab dem Jahr 1312 „dat hus to gerstdorp" genannt wurde. Im Jahr 1332 führte Bischof Albrecht II. von Halberstadt eine Fehde mit den Regensteiner Grafen, in der er unterlag. Als Ergebnis musste er das Amt Gersdorfer Burg abtreten. Es folgten weitere kriegerische Auseinandersetzungen zwischen Bischof Albrecht und den Regensteinern, in deren Ergebnis im Jahr 1349 der Bischof die Gersdorfer Burg zurückeroberte und zerstörte.

Bereits schon im Jahr 1349 wurde die Burg jedoch von Hinze von Dale wieder aufgebaut.

Gersdorfer Burg - Grundriss
von H. Wäscher 1962, überarbeitet von H. Heindorf

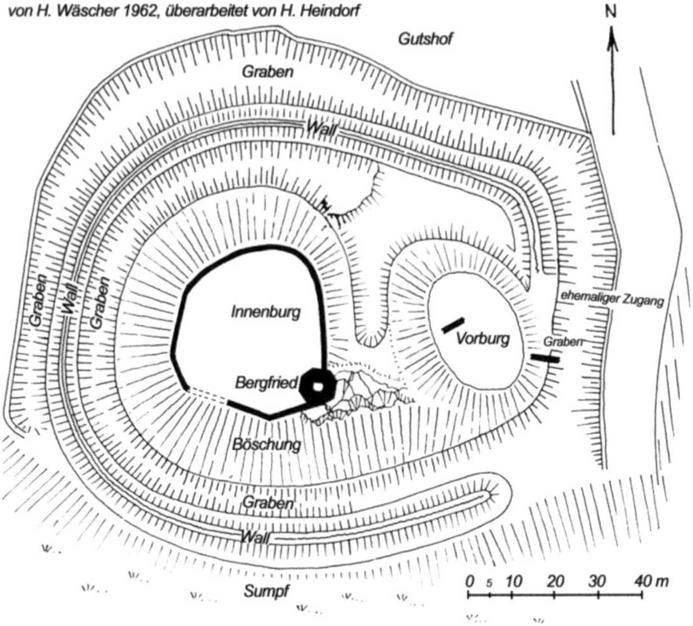

N

Gutshof

Graben

Wall

Graben

Innenburg

ehemaliger Zugang

Vorburg

Graben

Bergfried

Böschung

Graben

Wall

Sumpf

0 5 10   20   30   40 m

Das Adelsgeschlecht der Grafen von Dale oder auch Dahl gehörte zur Linie der Grafen von Flandern, einem uralten fränkischen Geschlecht, aus dem unter anderem auch Karl der Große abstammte. Es folgten wechselnde Besitzverhältnisse und es gibt kaum schriftliche Überlieferungen. Ab dem Jahr 1756 begann man die Burg abzureißen, ausgenommen den Bergfried. Die Steine der Burg wurden zur Errichtung des neuen Wirtschaftshofes Gersdorfer Burg benötigt.

Die Burganlage liegt etwa 4 Kilometer südöstlich von Quedlinburg (Richtung Badeborn) auf einem 140 bis 150 Meter über Normalnull gelegenen, hervortretenden Geländezug am Fuß der Seweckenberge. Die Gersdorfer Burg war eine zweiteilige Burganlage mit Haupt- und Vorburg. Die Gesamtanlage umfasst etwa 100 x 130 Meter. Der erhaltene achteckige Bergfried hat eine Höhe von 24 Meter, einen Durchmesser von 8,2 Meter und eine Mauerdicke von 3 Meter. Der Bergfried wurde mit Mitteln des Denkmalschutzes restauriert und soll auch wieder begehbar werden. Allerdings ist das gesamte Gelände der Gersdorfer Burg in Form einer

Betriebsgesellschaft GbR in Privatbesitz. Der örtlich ansässige Verwalter ist aber bezüglich einer Besichtigung sehr freundlich und entgegenkommend.

Die Sachsenburg bei Bad Sachsa

Der „Sachsenstein" ist ein dem Südharz vorgelagerter Höhenzug zwischen Bad Sachsa und Walkenried. Es kann angenommen werden, dass der vorhandene Burgwall auf dem Sachsenstein aus vorfrühgeschichtlicher Zeit stammt.

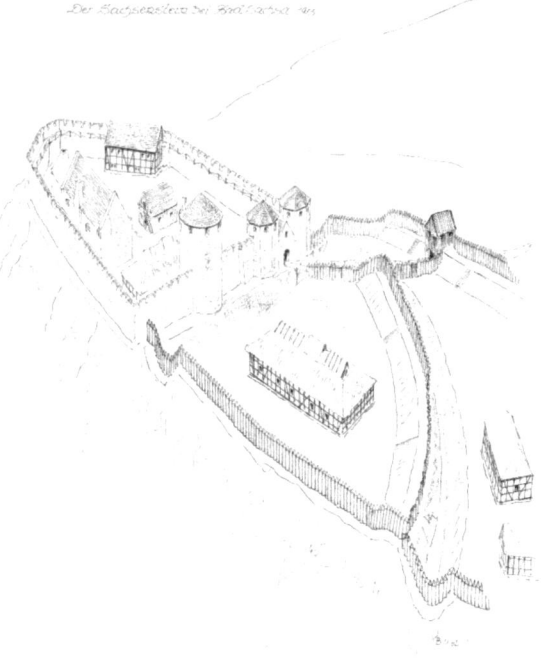

Ab dem 6. Jahrhundert gab es im Südharzer Raum erbitterte Auseinandersetzungen zwischen den Thüringern, die das Gebiet in Besitz genommen hatten und den Franken und Sachsen, die als Verbündete gegen die Thüringer ständig eindrangen. In diese Zeit fällt wohl auch die

Okkupation des Höhenzuges durch die Sachsen, der ihm den Namen „Sachsenstein" einbrachte. Das Thüringerreich zerbrach, aber auch das Bündnis zwischen Sachsen und Franken hielt nicht länger an. Die Sachsen errichteten in der Mitte des 8. Jahrhunderts eine Wallburg mit Namen Sachsenburg auf dem strategisch bedeutenden Sachsenstein, die ihnen Schutz in den Auseinandersetzungen mit dem Franken Pippin „Dem Kleinen" geben sollte. Die Kriege zwischen Sachsen und Franken endeten erst unter Karl dem Großen, zum Ende jenes Jahrhunderts. Danach verlor die Sachsenburg ihre Bedeutung.

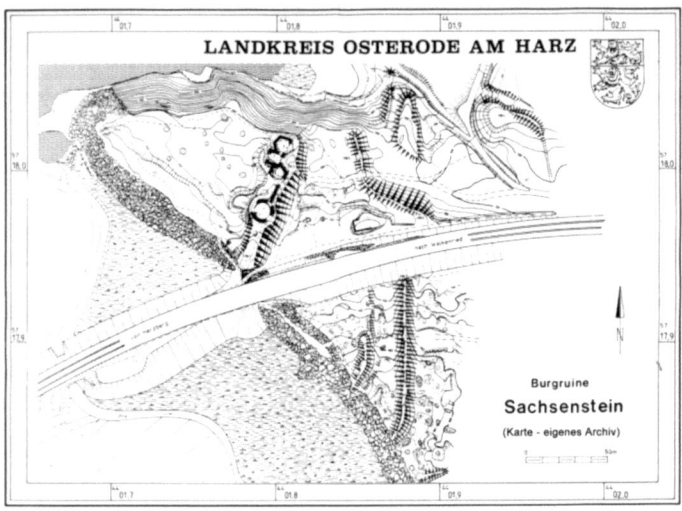

LANDKREIS OSTERODE AM HARZ

Burgruine
Sachsenstein
(Karte - eigenes Archiv)

Bis Heinrich IV. im Jahr 1056 deutscher König wurde. Durch seine Rückgewinnungsstrategie um verlorenes Königsgut, kam es zu ständigen Auseinandersetzungen mit dem sächsischen Adel. Die andauernden Kämpfe veranlassten ihn, rund um den Harz eine Kette von Burgen zu errichten. Das genaue Baujahr der Sachsenburg ist nicht überliefert, nur eine erste Nennung in den Hersfelder Annalen im Jahr 1073. Lange kann die Burg aber nicht bestanden haben, höchstens um die 10 Jahre, denn im Jahr 1074 wurde sie bereits geschleift. Die Sachsenkriege verliefen nicht nach des Königs Vorstellungen, und obwohl er am Ende obsiegte, musste er, um des Friedens willen, Kompromisse schließen. Einer dieser Kompromisse war die Schleifung zahlreicher Burgen, darunter auch die der Sachsenburg. Die Sachsenburg war eine Reichsburg oder als solche gedacht, wie ihre monumentale Planung ausweist. Ein Wiederaufbau und eine Fertigstellung fanden nie statt. Die Burg verlor an politisch-strategischer Bedeutung.

Der Höhenzug Sachsenstein mit der Ruine befand sich in wechselnden Besitzverhältnissen und gehörte seit dem Jahr 1634 auf Dauer zum Herzogtum Braunschweig. Von 1891 bis 1893 fanden durch Brinckmann erste Ausgrabungen auf der Burg statt, denen zahlreiche weitere folgten.

Die Ruine der Sachsenburg ist ein auffälliger romanischer Burgenbau, mit vielen interessanten architektonischen Details. Allerdings haben die fast 1000 Jahre ihre Spuren an der Ruine hinterlassen. Trotzdem zeugen die Burgreste noch heute von der Leistungsfähigkeit unserer Vorfahren und fordern Respekt und Bewunderung

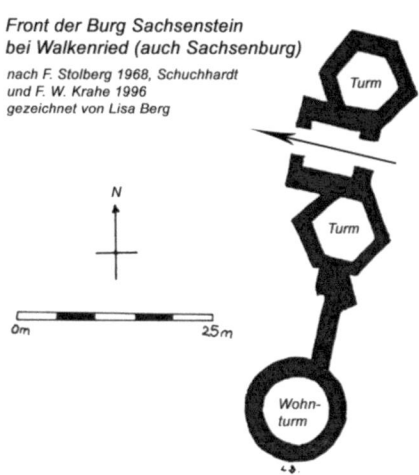

Front der Burg Sachsenstein bei Walkenried (auch Sachsenburg)

nach F. Stolberg 1968, Schuchhardt und F. W. Krahe 1996 gezeichnet von Lisa Berg

ein. Leider wurde im Jahr 1869 stark in die Burganlage eingegriffen, indem eine Eisenbahntrasse durch den nördlichen Teil der Wallanlage gezogen wurde. Trotzdem ist ein Ausflug zum Sachsenstein mit Sachsenburg nicht nur für Burgenenthusiasten zu empfehlen, auch die Landschaft kann durchaus punkten.

Burgruine Clettenberg

Es gibt eine Region im Südharz, die jahrzehntelang im Sperrgebiet der DDR-Grenze lag. Entsprechend unbekannt sind auch heute noch die kleinen Gemeinden in diesem Gebiet. Bad Sachsa, Ellrich und Walkenried sind bekannt, aber nur wenige Kilometer weiter liegt Klettenberg. Das war in frühen Zeiten auch bekannt, hatte sogar eine Burgfeste.

Und vor Errichtung der Burg war der Burgberg, nach seinem äußeren glatten und glänzenden Aussehen wohl Clettenberg genannt, eine Kult- und Opferstätte, wie der Name „Tempel" andeutet. Zuerst entstanden die Orte Ellrich und Walkenried, auch eine Wüstung Malmerode lag unweit, am Harzrand. Wohl zum Schutz dieser Siedlungen ließen die sächsischen Adligen auf dem vorgelagerten Bergsporn die Burg Clettenberg erbauen. Gaugrafen dieses Gebiets im Helmegau waren die Grafen von Bielstein an der Werra, aus deren Geschlecht die Hohnsteiner und die Clettenberger Grafen hervorgingen. Erste Erwähnungen dieses Geschlechts stammen schon aus dem 9. Jahrhundert. Die Clettenburg wurde um das Jahr 1087 von Volkmar de Walkenreid erbaut, der sich dann als Comes de Clettenburg bezeichnete. Er war lange Zeit in Diensten von Kaiser Heinrich IV. sowie von dessen Sohn Heinrich V.. Der Graf nahm auch im Jahr 1105 an der Reichsversammlung teil, in der Heinrich V. seiner Kaiserwürde enthoben wurde. Aus Angst vor der Rache der Kaiserlichen oder auch auf Grund von Gewissensbissen, zog sich Graf Clettenburg auf das Kloster Huysburg zurück. Seine Gemahlin Adelheid stiftete daraufhin das Kloster Walkenried.

Burgruine Klettenberg - Grobskizze vom Grundriss
Lisa Berg nach D. Schünemann

Schnitt entlang der dünnen Linie im Grundriss-Plan der Burgruine Klettenberg
Lisa Berg nach D. Schünemann 2007

64

Zu Beginn des 13. Jahrhunderts war die Grafschaft unter Graf Albert dem Mittleren wohlhabend und reich begütert. Doch es kam zum Streit und zur Fehde mit seinen Söhnen. Die Grafschaft Clettenburg begann zu zerfallen. Im Jahr 1256 erwarben die Hohnsteiner Grafen die Hälfte der Grafschaft und 1267 dann den Rest. Die weiblichen Mitglieder der Familie Clettenberg mussten die Burg verlassen und traten in kirchliche Dienste in Quedlinburg und Gandersheim. Die Grafschaft Clettenberg war erloschen und in derjenigen von Hohnstein aufgegangen. Die Hohnsteiner Grafen bewohnten wohl ab Mitte des 14. Jahrhunderts die Burg Clettenberg nicht mehr.

Über einen langen Zeitraum, bis etwa zum Jahr 1593, wurde die Burg von Vögten verwaltet, da war das Hohnsteiner Grafengeschlecht ausgestorben. Zwischenzeitlich, um das Jahr 1480, brannte die Burg nieder. Das hielt die Grafen von Sayn-Wittgenstein nicht davon ab, in den Jahren von 1648 bis 1699 auf der verfallenen Burg zu residieren. Während des Dreißigjährigen Krieges war die Burg im Jahr 1625 durch Tilly, dann durch Halberstädter Söldner und im Jahr 1636 durch die Schweden besetzt. In dieser Zeit wurde die Burg weiter zerstört. Ende des 17. Jahrhunderts ließen die Grafen von Sayn-Wittgenstein die alte Oberburg abbrechen; sie errichteten einen neuen Flügel, das sogenannte Domänengebäude, das Rittergut wurde.

Die Burgruine Clettenberg ist das Zentrum des Ortsteils Klettenberg in der Gemeinde Hohenstein. Die Unterburg, die zum Gutshof wurde, ist saniert, umgebaut und heute Sitz der Gemeindeverwaltung. Die Ober- oder Hauptburg auf der Felskuppe des Klettenberges besteht nur noch aus unzusammenhängenden Mauerresten der Ringmauer sowie den Mauern eines Rundturmes. Vom eigentlichen Burgkern sind nur noch Bruchstücke erhalten.

Burgruine Stapelburg

Dem Nordharz vorgelagert, zwischen Ilsenburg und Bad Harzburg, liegt in gut zwei Kilometern Entfernung vom Gebirge der 60 Meter hohe, kegelförmige Burgberg der Stapelburg. Nur selten wird diese alte Burg von Wanderern besucht, sie liegt einfach etwas abseits der gängigen Routen. Zu empfehlen ist eine Wanderung von der ehemaligen Wasserburg Veckenstedt zur Ruine Stapelburg. Hat man bei Stapelburg die Heringsmark erreicht, bietet sich bereits ein wundervoller Blick auf das stolze Wernigeröder Fürstenschloss, den hochragenden Regenstein sowie im Nordosten auf die Halberstädter Türme; der Harzblick bietet freie Sicht auf den Brocken.

Ein idealer Standort also, um eine strategische Burganlage zu errichten. Zumal auch die einstmals bedeutende Handelsstraße von Goslar nach Halberstadt in unmittelbarer Nähe vorbeiführte. Das erkannten auch die Wernigeröder Grafen und errichteten um das Jahr 1306 die

Stapelburg über dem ehemaligen Dorf Wendelburgrode. Ihren Namen – Stapelburg – verdankt die Burg dem Umstand, dass sie an der geografischen Grenze der Wernigeröder Grafschaft lag, denn Stapel ist ein altes niederdeutsches Wort für Grenze. Leider ist von der Burg keine mir bekannte Abbildung überliefert. Es ist also nur anhand der Burgreste auf ihr ehemaliges Aussehen zu schließen. Demnach war die Burg ursprünglich eine kreisrunde Anlage.

Die Stapelburg am Harz /a. 7.4.

Aber die Stapelburg stand unter keinem guten Stern. Ihre Besitzer, die Wernigeröder Grafen, litten ständig unter akuter Geldnot. So wurde sie bereits im Jahr 1379 erstmals an die Grafen von Woldenberg für ganze 200 Silbermark verpfändet. Es folgte im Jahr 1394 der Verkauf an Bischof Ernst von Halberstadt, der den Wernigerödern aber die Burg als Pfand überließ. Dopch die folgenden häufig wechselnden Pfandbesitze bekamen der Burg nicht gut. Aus alten Aufzeichnungen wissen wir, dass die Burg bereits im Jahr 1509 in sehr schlechtem Zustand war.

Im Jahr 1559 verloren die Wernigeröder Grafen ihren Pfandbesitz erneut, diesmal für eineinhalb Jahrhunderte. Der Besitz fiel, veranlasst durch den Magdeburger Erzbischof, als Lehen an Heinrich von Bila. Dieser begann sofort mit einem rechteckigen Schlossbau in der Burg. Es folgten weitere Besitzerwechsel und weitere Streitigkeiten um den Besitz, in die selbst der Kaiser einbezogen wurde. Mit dem 18. Jahrhundert ist die Burg dann wohl als fester Sitz aufgegeben worden. Im Jahr 1734 gab es aber noch bewohnte Räume im Wohntrakt des Schlosses.

Im Jahr 1722 wurde dann die Lehenshoheit des Stiftes Halberstadt von König Friedrich Wilhelm von Preußen annulliert, die Stapelburg ging endgültig an die Grafen von Stolberg-Wernigerode. Burg und Schloss wurden aber nicht wieder instandgesetzt und verfielen weiter. Die strategische Bedeutung dieser Burg war einfach nicht mehr gegeben. Heute stehen nur noch Ruinen dort: „Ihre Dächer sind zerfallen und der Wind streicht durch die Hallen – Wolken ziehen drüber hin."

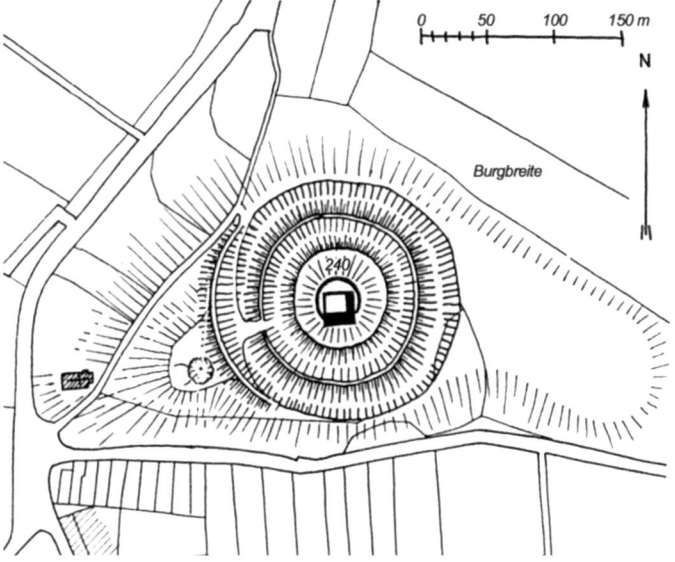

Stapelburg - Grundriss der Burg
von H. Wäscher 1962, überarbeitet von H. Heindorf

Versunkene Mauern - die Trageburg

Sie ist eine, die keine Geschichte geschrieben hat. Sie ist auch keine Burg mehr, nicht einmal eine Ruine. Die Trageburg, etwa zwei Kilometer nördlich von Trautenstein gelegen, ist vergessen. Aber sie war einmal eine stolze kleine Burg, unter großen Entbehrungen erbaut, auf der Menschen lebten, liebten und litten. Keinerlei geschichtliche Nachrichten liegen über sie vor. Und auch in alten Urkunden wird sie nur spärlich erwähnt.

Generationen von Forschern haben versucht, Licht ins Dunkel der Geschichte der Draburg oder Drageburg, wie sie früher hieß, zu bringen.

Vergeblich, eine Abbildung aus dem Jahr 1654 von Merian bleibt das einzige Zeugnis. Hoch oben über dem Tal der Rappbode liegt die felsige Bergnase, auf der die Trageburg einst thronte, heute über dem Stausee der Rappbodevorsperre. Damals hatte sie ihre Funktion.

Sie diente, mitsamt ihren Nachbarburgen – Königsburg, Susenburg und Birkenfeld – unter anderem dem Schutz der umliegenden Bergwerke. Und sie bot dem im Tal vorbeiführenden alten Trogweg – auch Doringer Stieg genannt – Schutz und Sicherheit.

Der Trogweg war die mittlere der drei großen Harzquerstraßen, welche das nördliche Harzvorland mit dem Thüringer Gau verbanden. Er war Teil jener uralten Handelsstraße, die das Mittelmeer mit der Nord- und Ostsee verband. Da es neben dem Trogweg im Tal der Luppbode, auch noch eine Trogfurther Brücke gab, liegt die Vermutung nahe, dass Trageburg gleich Trogburg war.

Heute ist das Burggelände, auf dem nur noch spärliche Mauerreste auf das Burgendasein hinweisen, ein stiller, einsamer und romantischer Ort. Das menschliche Wirken ist an den künstlich geschaffenen Geländestrukturen (Burgplatz, Wälle, Gräben und Terrassen) zweifelsfrei auch heute noch zuerkennen. Und auch der weit schweifende Blick über das Rappbodetal mit heutigem Stausee, die zahllosen bewaldeten Bergkuppen, bis hin zum Brocken mit seinem kahlen Haupt, zeigen noch heute den prädestinierten Burgenstandort.

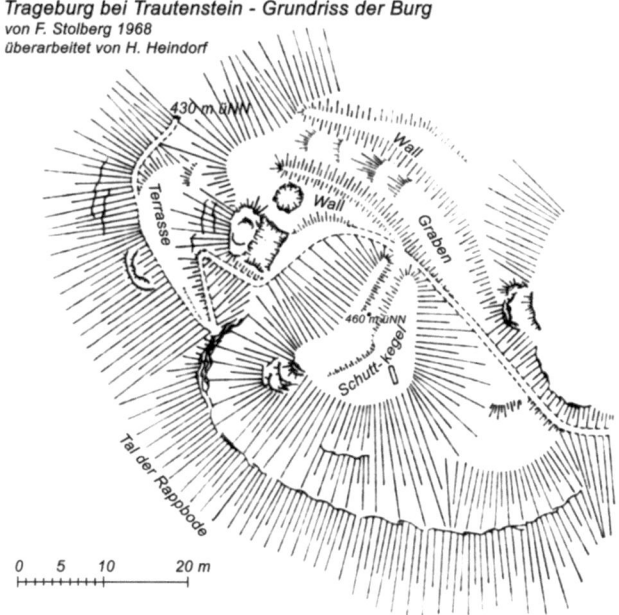

Trageburg bei Trautenstein - Grundriss der Burg
von F. Stolberg 1968
überarbeitet von H. Heindorf

430 m üNN

Wall

Terrasse

Wall

Graben

Neue

460 m üNN

Schutt-kegel

Tal der Rappbode

0 5 10 20 m

69

Eine Wanderung von Trautenstein zur Trageburg verbindet Natur pur mit Träumereien vom Geschehen in längst verflossenen Zeiten. Und eine alte Sage berichtet, dass begnadete Sonntagskinder schauen können, wie sich die verstreuten Steine wieder zu Mauern, Türmen, Toren und Hallen fügen.

Burg Schlanstedt

Tempelritter stellen bis heute ein Mysterium dar. Viele Legenden gibt es um diesen Orden, aber nur mäßig verbriefte Fakten. Fest steht, der Orden der Tempelritter war der erste geistliche Ritterorden und wurde um 1118, in Folge des Ersten Kreuzzuges, gegründet. Sein voller Name lautete „Arme Ritterschaft Christi und des salomonischen Tempels zu Jerusalem". Der Orden vereinte die Ideale des adligen Rittertums mit denen der Mönche, zwei Stände, die bis dahin streng getrennt waren. Doch schon nach knapp 200 Jahren folgte das Ende des Templerordens.

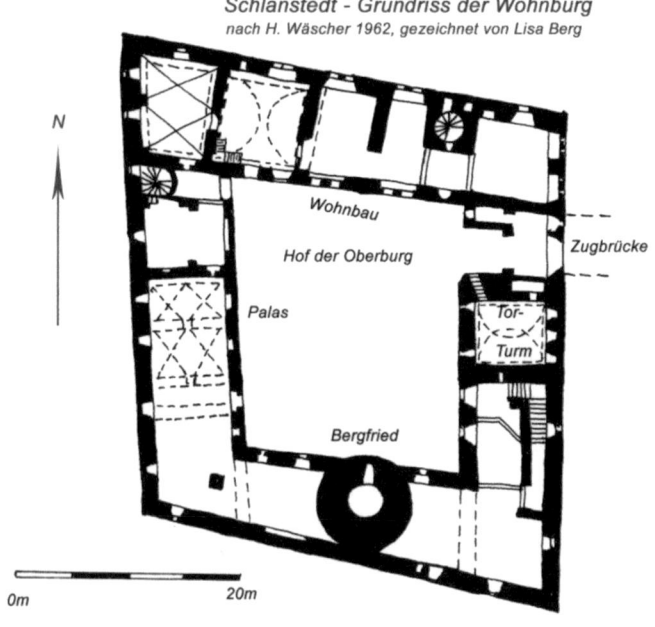

Schlanstedt - Grundriss der Wohnburg
nach H. Wäscher 1962, gezeichnet von Lisa Berg

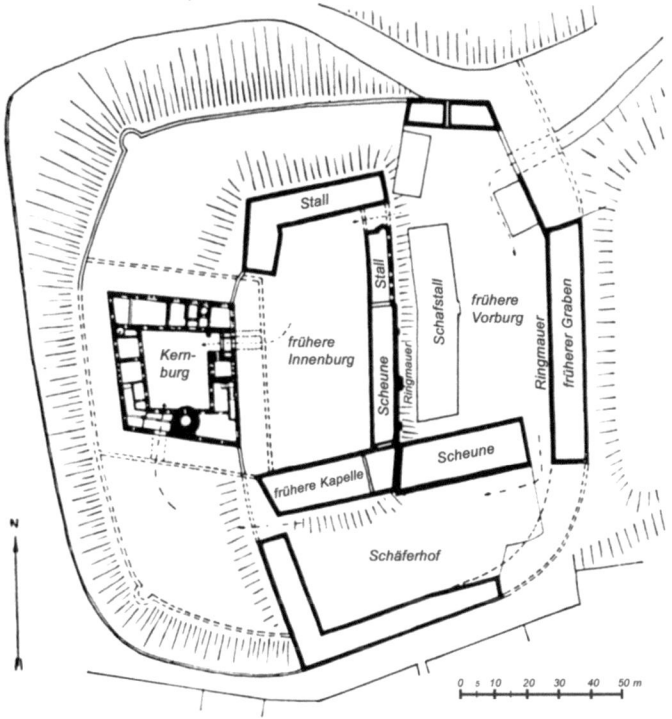

Schlanstedt - Grundriss der Burg
von H. Wäscher 1962, überarbeitet von H. Heindorf

Die Gründe dafür waren so vielschichtig wie seine Gründung. Sie waren politischer und struktureller Natur, aber auch der französische König Philipp IV. und der Papst betrieben dessen Auflösung und Zerschlagung. Und obwohl der Papst Clemens V. im Jahr 1312 den Orden offiziell auflöste, ist die Tradition der Templer bis heute nicht erloschen.

Im nördlichen Harzvorland, zwischen Huy und Südrand des Großen Bruches, liegt die Gemeinde Schlanstedt. Und dort, auf einem vorspringenden Höhenrücken, liegt die Burg Schlanstedt. Sie deckte und beherrschte den südlichen Übergang über das Große Bruch. Der Legende nach ermordeten die Grafen von Regenstein im Jahr 1311 auf dieser Burg zwölf Tempelritter. Die Edelleute sollen aus dem Harzvorland gestammt und mit ihren Idealen den etablierten Feudaladel angeprangert haben. Aber das ist Legende.

Belegt ist die erste Nennung des Ortes im Jahr 1052. Da auf dem Burghügel eine Grablege für den 934 im Großen Bruch ums Leben gekommenen Grafen Stephan von Regenstein errichtet wurde, wird angenommen, dass die Burgenerbauer einer Linie der Regensteiner entstammten.

Im 11. Jahrhundert wurde der 24 Meter hohe romanische Bergfried erbaut. Eigener Adel, Berthold von Schlanstedt, ist ab 1267 nachgewiesen. Im 13./14. Jahrhundert wurde die kleine Rundburg zur Wehrburg mit Vor- und Kernburg ausgebaut. Ob mit den legendären Templermorden 1311 in Zusammenhang stehend, oder auch nicht, ab 1317 erscheinen die Grafen von Regenstein als neue Burgbesitzer. Nach langem Streit zwischen den Regensteinern und dem Halberstädter Bischof ging die Burg im Jahr 1344 endgültig in den Besitz des Halberstädter Domstifts über. Die Vorburg wurde abgerissen und an deren Stelle die frühgotische Kirche erbaut. Im 16. Jahrhundert wurde die Rundburg zum Tafelgut der Halberstädter Bischöfe umgebaut, und bis zum Jahr 1620 wurde die Kernburg zum Renaissanceschloss umgestaltet. Nach dem Dreißigjährigen Krieg wurde die Burg dem Kurfürsten von Brandenburg und später dem Preußischen Königreich übereignet.

1836 wurden Burg und Gut von der Saatzüchterfamilie Rimpau gepachtet, die das Anwesen bis 1946 bewirtschaftete. Wilhelm Rimpau gilt als „Begründer der deutschen Pflanzenzucht" und erzielte diesbezüglich bedeutende Erfolge bei Getreide und Zuckerrüben. In der DDR-Zeit wurde die Burg der Gemeinde Schlanstedt übertragen. Sie wurde ausgebaut und als Wohnraum genutzt. Im Jahr 2001 wurden Burg und Grundstück von der Familie Blume-Brümmer gekauft. Es folgten umfangreiche Rekonstruktions- und Sanierungsarbeiten. Heute ist die Burg Schlanstedt ein kulturelles und touristisches Kleinod abseits ausgetretener Touristenpfade. Sie beherbergt eine Burgschenke, eine Original-Wohnung von 1910, eine Feldbahnausstellung, das Rimpau-Saatzuchtkabinett, die Rimpau-Gesteinssammlung, ein Templermuseum, einen Hofladen und einen Burggarten mit vielen Tieren. Die Burg ist mehr als nur ein Geheimtipp, sowohl für Touristen wie auch für Einheimische.

Das Schloss Stolberg

Märchen beginnen häufig mit der Einführung „Es war einmal" – und es folgt eine fiktive Erzählung. Eine Sage dagegen ist eine mündliche Überlieferung, die auf geschichtlichem Hintergrund basiert. Der Hintergrund der Erzählung hat einen gewissen Wahrheitsgehalt, ist aber mit fantastischen Elementen ausgeschmückt. Ebenfalls mit einer Sage beginnt die Geschichte um die Grafen von Stolberg: Demnach soll der römische Ritter Otto de Columna eine erste Burg erbaut haben, die man „Das alte Stolberg" nennt. Das war zur Zeit des oströmischen Kaisers Justin II., der von 520 bis 578 lebte. Das alte Stolberg liegt unweit der Gemeinde

Stempeda, bei Rottleberode, auf dem Stolberg. Heute finden sich nur noch wenige, vom Wald überwucherte, Überreste der Burg.

Ritter de Columna soll seinem Kaiser Justin einen schwarzen Hirsch geschenkt haben, den er auf dem Stalberg gefangen haben soll. Als Dank dafür ernannte ihn Kaiser Justin II. zum Grafen von Stalberg und gab ihm ein Wappen mit schwarzem Hirsch und goldenem Felde. Soweit die Sage!

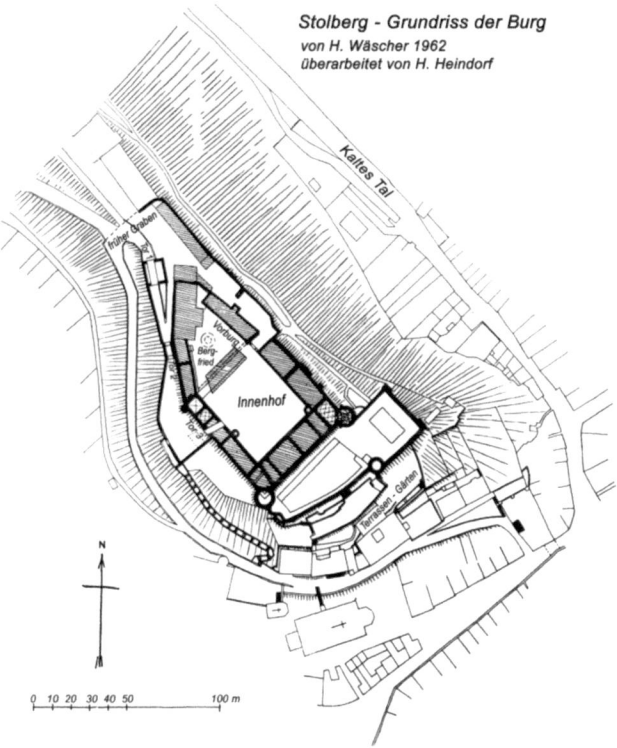

Stolberg - Grundriss der Burg
von H. Wäscher 1962
überarbeitet von H. Heindorf

Wie lange „Das alte Stolberg" bewohnt war ist nicht bekannt. Auch nicht, wann die neue Burg Stolberg, die erst später zum Schloss wurde, entstand. Gelegen ist das Schloss Stolberg in 375 Meter über Normalnull auf einem Bergsporn über dem gleichnamigen Ort. Urkundlich erwähnt wurde als erster Graf Heinrich zu Stolberg im Jahr 1210. Von diesem Zeitpunkt an war das Schloss bis zum Jahr 1945 ununterbrochen im Besitz der Grafen von Stolberg. Im Spätmittelalter schickten sich die Stolberger Grafen an, eine dauerhafte und übergreifende Herrschaft im Harz zu errichten. Die Entwicklung ab dem 16. Jahrhundert verlief aber anders, die Macht des Stolberger Adelsgeschlechts schwand. Insbesondere Kursachsen setzte alle Mittel, bis zur militärischen Gewalt, ein, um die Grafschaft zu schwächen und unterzuordnen.

Vor 500 Jahren verließ Juliana, eine Tochter des Grafen Botho III., Stolberg. In zweiter Ehe heiratete sie den Grafen Wilhelm I. von Nassau-Dillenburg. Damit wurde Juliana zu einer der bedeutendsten Persönlichkeiten ihres Grafenhauses. Ihr ältester Sohn, Wilhelm von Oranien, ging als Befreier der Niederlande von den Spaniern in die Geschichte ein und Juliana als die Ahnfrau des niederländischen Königshauses.

Bis etwa zum Jahr 1500 waren die Raumverhältnisse auf der Burg eher beengt. Von 1538 bis 1547 wurde dann begonnen, die Burg zu erweitern und sie zum Schloss auszubauen. Zuerst wurden eine Kemenate und drei Gebäude an der Südfront erbaut, alles im Renaissancestil. Es folgte, etwa von 1703 bis 1710, der Innenausbau. Die Neuen Räume wurden mit 70 Temperabildern der Maler Samuel Blütner und Franz April ausgeschmückt, der Italiener Michael Caminade nahm umfangreiche Stuckarbeiten vor. Zwischenzeitlich wurden die Altbausubstanz saniert, integriert sowie weitere Anbauten geschaffen.

Das Schloss Stolberg stand immer unter einem günstigen Stern, von irgendwelchen Zerstörungen wurde es nie betroffen. Um das Jahr 1645 fand eine Teilung der Grafschaft in mehrere Linien statt. Fortan sowie in den folgenden Jahrhunderten entwickelten sich die Linien Stolberg-Wernigerode als älteste, die Linie Stolberg-Gedern und Stolberg-Schwarza sowie Stolberg-Stolberg und Stolberg-Roßla. Nach den Napoleonischen Kriegen und dem Ende des Heiligen Römischen Reiches Deutscher Nation, verloren die Stolberger ihre Reichsgrafenwürde und wurden im Jahr 1815 preußische Standesherren.

Nach dem Ende des Zweiten Weltkrieges gehörte Stolberg zur russischen Besatzungszone. Das Schloss wurde enteignet und in DDR-Volkseigentum überführt. Es diente dann als Ferienheim, war aber da schon dem Verfall preisgegeben. Nach der Wiedervereinigung und dem folgenden Leerstand ging der Verfall flott voran, bis die Deutsche Stiftung Denkmalschutz das Schloss übernahm. Kürzlich wurden die ersten sanierten Räume und Gebäude der imposanten Schlossanlage eingeweiht und der öffentlichen Nutzung übergeben. Jetzt sind das Schloss Stolberg und damit auch das Adelsgeschlecht der Grafen von Stolberg wieder in aller Munde.

Der Zugang zum Schloss erfolgt von Südwesten her über eine Straße. An deren Ende befinden sich ein Parkplatz und eine Terrasse mit Café.

Das Schloss Hessen

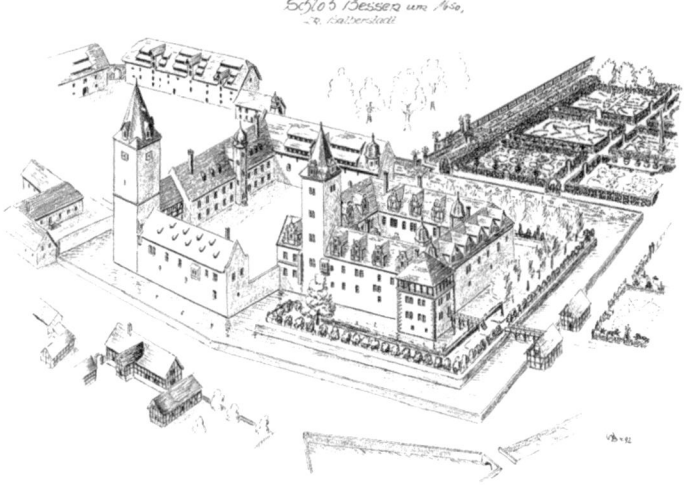

Schloß Hessen um 1650,
Dr. Halberstadt

Die Gemeinde Hessen, heute ein Ortsteil der Verwaltungsgemeinschaft Aue Fallstein, hat eine Geschichte, die bis ins frühe Mittelalter zurückreicht. Gelegen an der ehemaligen innerdeutschen Grenze, zwischen Halberstadt und Wolfenbüttel, führte dieser Ort über Jahrzehnte einen Dornröschenschlaf und war für Besucher tabu. Diese Zeit war wohl die schwärzeste Epoche in der über tausendjährigen Geschichte des Ortes. Bereits im Jahr 966 wurde der Ort in einer Urkunde von Otto I. als Hessenheim erwähnt. Der Kaiser schenkte einem Getreuen, einem Grafen Mamaco, das Gut Hessen. Über den Bau der Burg ist nichts bekannt. Die Edelherren von Hessen waren bis ins Jahr 1313 Herren von Burg und Dorf, dann war das Geschlecht ausgestorben. Danach kam das Anwesen für 30 Jahre in den Besitz der Grafen von Regenstein. Im Jahr 1343 verkauften die Regensteiner ihren Besitz an die Herzöge von Braunschweig. Danach waren Ort und Burg in ständigem Herzoglich Braunschweigischem Besitz, bis zum Ende des Zweiten Weltkrieges, danach wurde Hessen von den Besatzungsmächten dem Landkreis Halberstadt zugeteilt. Hessen hatte im Nordharzer Vorland die exponierte Lage eines Brückenkopfes. In südlicher Richtung, einer Bastion gleich, der Harz, in nördlicher Richtung das „Große Bruch". Dieses undurchdringliche Bruch stellte über viele Jahrhunderte eine natürliche Grenze zwischen den Gaugrafschaften dar.

Als zusätzliche Bastion wurde die Burg Hessen zur Wasserburg und später, zum Ende des 16. Jahrhunderts, zum herzoglichen Wasserschloss ausgebaut. Über Jahrhunderte war das

„Große Bruch" nur über zwei uralte Dämme, den Hessendamm und den Kiebitzdamm, zu durchqueren. Archäologische Grabungen in den sechziger und siebziger Jahren des 20. Jahrhunderts haben die Erkenntnis gebracht, dass diese Dämme oder auch Übergänge schon zur Römerzeit bestanden haben.

Grundriss der Kernburg Schloss Hessen
Lisa Berg nach Kunstdenkmäler Braunschweig Bd. 3

Aus alten Chroniken ist auch zu erfahren, dass im Großen Bruch große schiffbare Gräben gebaut worden waren, in denen Schiffe von Hessen bis Oschersleben in die eine Richtung sowie bis nach Wolfenbüttel in die andere fahren konnten. So ist aus einer Chronik vom Jahr 1754 überliefert, dass der kaiserliche Geheimrat Heinrich Julius, Bischof von Halberstadt, nach seinem plötzlichen Tod in Prag (im Jahr 1613) mit einem Schiff auf einer Trauerfahrt über Gröningen und Hessen nach Wolfenbüttel überführt wurde. Dessen Vater Julius, Herzog zu Braunschweig und Lüneburg, Fürst von Braunschweig-Wolfenbüttel, gilt als einer der bedeutendsten Herrscher seines Geschlechtes. Und Herzog Julius baute die vormalige Wasserburg Hessen zu einem repräsentativen Renaissance-Schloss um und aus. Nach seinem Tod im Jahr 1589 wurde sein Arbeitszimmer im Schlossturm mit einer aufwendigen Renaissance-Deckenmalerei versehen. Das Kunstwerk soll von dem berühmten flämischen Maler Hans Vredeman de Vries stammen und wurde komplett restauriert. Von Bedeutung ist dieser Turm insbesondere auch, weil dort früher wohl die Bücher der Braunschweiger Herzöge gestanden haben sollen, die später, auf Veranlassung von Herzog Julius, den Grundstock für die berühmte Herzog-August-Bibliothek in Wolfenbüttel bildeten.

Später, am Anfang des 17. Jahrhunderts, wurde dann noch ein pompöser Schlossgarten im manieristischen Stil gebaut und gestaltet. Davon sind heute leider nur noch die Begrenzungen

76

zu erkennen. Gegen Ende des 17. Jahrhunderts wurden die herzoglichen Besuche seltener. Der Standort Hessen hatte an strategischer Bedeutung verloren.

Zu Beginn des 18. Jahrhunderts wurde das Schloss zur Domäne umgewandelt und das Unterschloss wurde zum Domänenpächterhaus. Von dieser Zeit an verfiel das Wasserschloss Hessen. Von Aufzeichnungen ist bekannt, dass um das Jahr 1755 noch Wassergräben vorhanden waren. In den letzten Jahren wurden die erhaltenen Baulichkeiten der Oberburg (Grundriss 35 x 43 Meter) und der Unterburg (Grundriss 60 x 70 Meter) umfassend saniert und restauriert.

Burgruine Questenberg

Sie ist eine von vielen mittelalterlichen Burgruinen im südlichen Vorharz. Sie liegt 70 Meter über dem Dorf Questenberg, in einer Höhe von 270 Meter über Normalnull. Das Questenberger Tal, das Tal der Nasse, ist eines der romantischsten Täler im Südharz, eingeschlossen von aufsteigenden Gipsfelsenbergen. Erbaut wurde die Burg um das Jahr 1270 durch die Grafen von Beichlingen-Rothenburg.

77

Dieses Grafengeschlecht besaß damals den gesamten Südharz, den Teil des Helmegaues, der zwischen der Leine im Osten und der Krummschlacht im Westen liegt. Aber die Geschichte des Ortes Questenberg ist viel älter, führt weit in die vorgeschichtliche Zeit zurück. Einige Funde weisen auf die frühe Eisenzeit, zirka 500 v. Chr., hin.

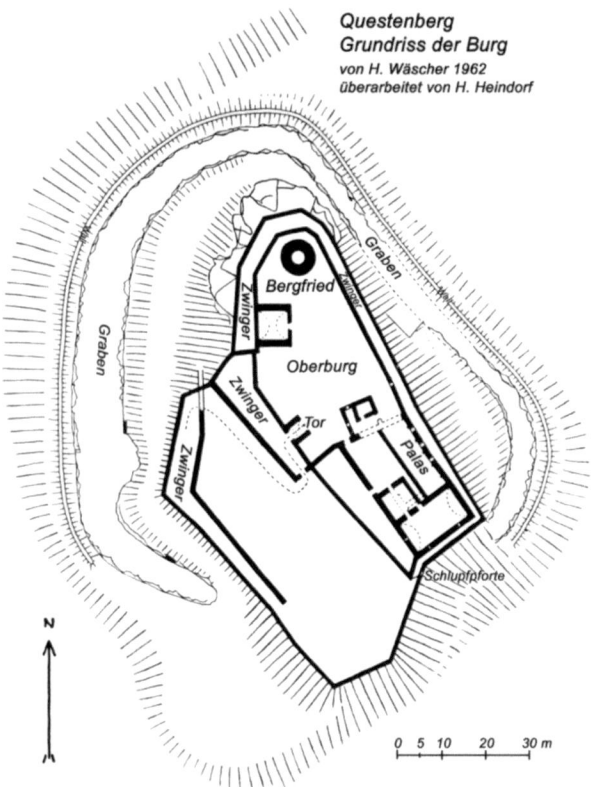

Questenberg
Grundriss der Burg
von H. Wäscher 1962
überarbeitet von H. Heindorf

Der Ringwall Queste – südwestlich gegenüber der Burgruine – ist eine vorgeschichtliche Wallburg, eine frühgermanische Kultstätte. Zwei weitere vorgeschichtliche Wallburgen in naher Nachbarschaft untermauern die hohe Bedeutung dieses Südharzgebietes. Von dieser Bedeutung zeugt auch das Questenfest, ein bis heute begangenes Brauchtumsfest. Über das Questenfest, seine Bedeutung und Herkunft, gibt es zahlreiche Theorien. Die für mich gehalt-vollste möchte ich kurz darlegen: Das angrenzende Gebiet des Questenberges hieß früher Rekenfeld oder Hrekefeld. Hreke oder Herke war die altgermanische Erdenmutter, zugleich auch Göttermutter, im Merseburger Zauberspruch auch Era (oder Hera) genannt. Herke/Hera war die Mutter des Schwertgottes Eru (auch Heru, Irmin, Tyr). Die Ruhne Tyr stellt ein T dar, den Questenbaum mit Querstange.

Somit geht der Ursprung des Questenfestes auf ein Opferfest/ Frühlingsfest der Erd- und Him-melsgöttin und ihres Gemahls Wodan zurück. Dass die weithin verbreitete Sage um das „Ver-lorene Kind Jutta" sowie deren Vater, Burgherr Knuth von Questenberg, die Grundlage des Questenfestes sein soll, ist abzulehnen. Der Questenberg soll früher den Namen Finsterberg getragen haben und nach dem Ereignis des „Suchens und Findens" von Jutta, im Jahr 1300, in Questenberg umbenannt worden sein. Urkundlich nachgewiesen, hieß der Berg aber schon im Jahr 1275 Questenberg; Graf Knuth kam erst im Jahr 1453 in den Besitz der Burg. Wie dem auch sei, dem uralten heidnischen Frühlingsfest wurde durch christliche Rituale kirchliche Weihe gegeben. Und das jährlich am Pfingstmontagbei aufgehender Sonne stattfindende Qu-estenfest ist ein Besuchermagnet, das mystischer kaum sein kann.

Die gesamte Burganlage umfasst eine Fläche von 100 x 120 Meter. Ursprünglich war es eine romanische, ovale Anlage, die mehrfach umgebaut und erweitert wurde. Bergfried, Zwinger und Palas sind nur noch Ruinen, wobei der Bergfried mit einem Durchmesser von 8,8 Meter und einer erhaltenen Höhe von 7 Meter auch heute noch beeindruckt. Ab 1305 sind die Grafen von Hohnstein als Besitzer verbrieft, die im Jahr 1349 die Burg an den Ritter Heinrich von me Rade zu Lehen gaben. Im Jahr 1383 wurde die Burg an Landgraf Baltharsar von Thüringen verkauft und dann im Jahr 1430 an die Grafen von Stolberg, die zahlreiche verschiedene Adelsherren belehnten. Ihre letzte Funktion erfüllte die Burg im Jahr 1633 als Kompaniestand-ort gegen die berüchtigten Harzschützen. Danach begann die Burg zu verfallen und im Jahr 1718 ging der gesamte Besitz an die Grafen von Stolberg-Roßla über.

Die Harliburg

Einst, im 13. Jahrhundert, hatte die Burg Harlingeberg eine große Bedeutung in einer ge-schichtsträchtigen Region.

Es war im Jahr 1197, als der staufische Kaiser Heinrich VI. plötzlich verstarb. Sein Sohn Fried-rich war zwar bereits im Jahr 1196 zum Thronfolger gewählt worden, nun aber gerade erst drei Jahre alt und somit der Vormundschaft des Papstes unterstellt. Die staufischen Partei-gänger wählten daher Heinrichs jüngeren Bruder, Philipp von Schwaben, im Jahr 1198 zum

König. Die Staufergegner wollten diese Wahl aber nicht akzeptieren und wählten den Welfen Otto im selben Jahr zum König. Otto IV. war der jüngste Sohn von Heinrich dem Löwen, dem es trotz aller Ambitionen versagt geblieben war, König zu werden. Was folgte, war ein jahrelanger deutscher Thronstreit.

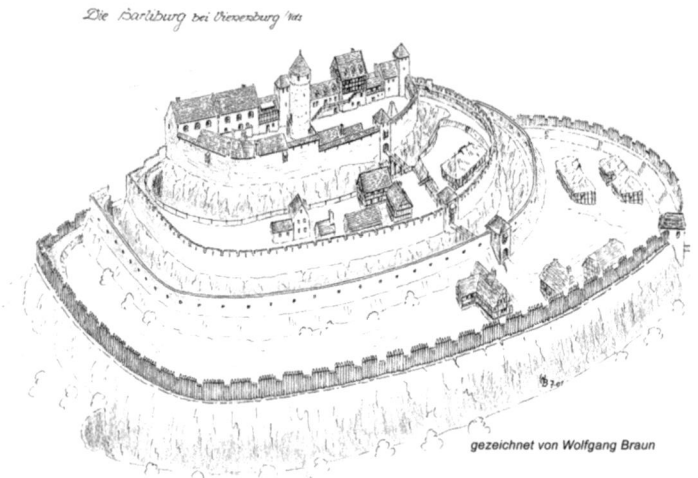

Die Harliburg bei Vienenburg 'nn

gezeichnet von Wolfgang Braun

Goslar war im 12. und 13. Jahrhundert ein Reichszentrum, bedeutend als Königspfalz, als Handelsstadt und als Bergbauzentrum. Und es war fest in staufischer Hand.

Als der Streit mehr und mehr eskalierte, obwohl Otto IV. vom Papst im Jahr 1201 als König anerkannt wurde, wollte Otto vor seiner Haustür ein Zeichen setzen. Im Jahr 1203 begann er am östlichen Ausläufer des Harliberges, nordwestlich des Zusammenflusses von Oker und Radau, eine Burg besonderen Ausmaßes zu bauen, eine Reichs- und Königsburg. Eile schien offensichtlich geboten, denn die Rechte der Land- und Waldbesitzer wurden missachtet, damit die Burg bereits im Jahr 1203 fertig werden konnte.

Die neue Burg, deren Komplex zirka 170 x 300 Meter gemessen haben muss, kontrollierte die nördlichen Handelswege nach Goslar, sie konnte die Wege sogar abschneiden und die Stadt damit in arge Bedrängnis bringen. Im Jahr 1204 kam Philipp von Schwaben Goslar zu Hilfe, konnte aber der Harliburg nicht habhaft werden. Im Jahr 1206 eroberte und plünderte der Truchsess von Otto, Gunzelin von Wolfenbüttel, Goslar.

80

Es wird angenommen, dass diese Aktion von der Harliburg aus vorgenommen wurde. Der Streit der beiden Gegenkönige nahm im Jahr 1208, durch die Ermordung von König Philipp, ein jähes Ende. Otto IV. wurde nun als König anerkannt und erneut gewählt, die Harliburg war offizielle Reichsburg. Im Jahr 1209 wurde Otto IV. vom Papst zum Kaiser gekrönt.

Kaiser Otto liebte anscheinend diese Burg sehr, denn in seinen letzten Lebensjahren hielt er sich häufig in ihr auf. Nach seinem Tod, im Jahr 1218, regelt sein Testament auch die Entschädigung der zuvor benachteiligten Wald- und Bodenbesitzer, vornehmlich die des Klosters Wöltingerode. Ottos Bruder Heinrich nahm die Erbschaft an und leistete die Abfindung. Die Harliburg war somit ab 1220 nicht mehr Reichsburg sondern welfisches Eigentum. Aber die strategisch bedeutende Burg blieb weiterhin Zankapfel. Im Jahr 1279 erbte Herzog Heinrich, der „Wunderliche", von seinem Vater Herzog Albrecht dem Großen, die Harliburg. Heinrich war fehdelustig, er blockierte von der Burg aus die Kreuzung der Heer- und Handelsstraßen Lübeck – Braunschweig – Harz – Ellrich mit der von Goslar nach Osterwieck.

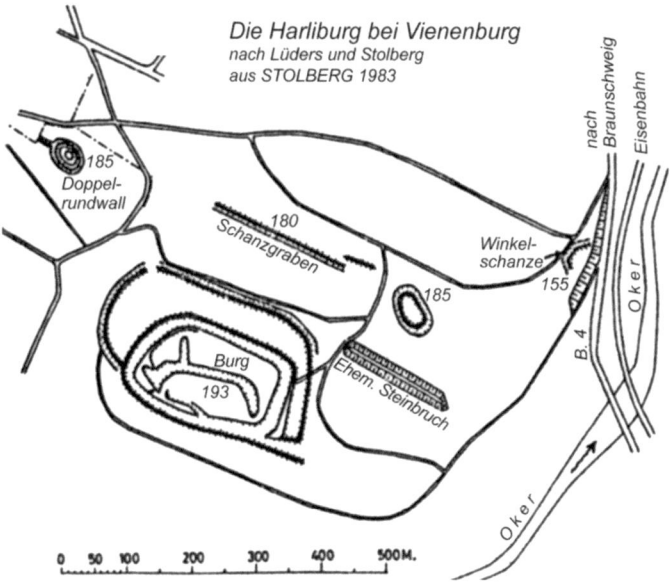

König Rudolf von Habsburg war der Fehden in seinem nördlichen Reichsteil leid und zog im Jahr 1290 mit einem Großaufgebot an Streitkräften gegen die Harliburg. Alle benachbarten

Edelleute, einschließlich Heinrichs Brüdern, sowie die Städte Goslar, Magdeburg und Braunschweig, leisteten ihren Beitrag. Dazu wurde die Harliburg mit einer Zernierungslinie umzogen, die von 5 Schanzen gesichert war, wie urkundlich in der Goslarer Stiftschronik festgehalten wurde. Nach viermonatiger Belagerung war die Entscheidung gefallen, Herzog Heinrich musste kapitulieren und die Burg übergeben. Es fand daraufhin eine Gerichtsverhandlung, unter Vorsitz des Hildesheimer Bischofs Siegfried, statt. Das Urteil lautete „Abbruch der Harliburg". 88 Jahre nach Fertigstellung wurde das Urteil vollstreckt. Nie wieder ist die Burg aufgebaut worden.

Heute, gut 700 Jahre später, ist das Burggelände von Wald bewachsen. Baulichkeiten gibt es nicht mehr. Nur Ringwälle, Burggräben und Schanzen geben Zeugnis von dieser einstmals gefürchteten Burg und ihren Ausmaßen, die Goslar fast ein Jahrhundert lang in Angst und Schrecken versetzt hatte.

Heinrich Rosla, ein Mönch aus Walkenried, verfasste Ende des 13. Jahrhundert das lateinische Epos „Herlingsberga", das die Schleifung der Burg im Besonderen und den Harz im Allgemeinen beschrieb.

Letzte Zuflucht der Templer -
Burgruine Beyernaumburg

Der Tempelritterorden war bei seiner Gründung im Jahr 1118 der erste geistliche Ritterorden. Nach Ende des 1. Kreuzzuges wurde Jerusalem Anziehungspunkt für viele Pilger, aber auch für Abenteurer und Kaufleute. Der Landweg nach Jerusalem aber war sehr unsicher, da Räuber ständig die Reisenden überfielen. Den überlieferten Quellen nach (Bericht des Erzbischofs Wilhelm von Tyrus) gründeten neun französische Ritter den Orden, den sie „Arme Ritterschaft Christi und des salomonischen Tempels zu Jerusalem" nannten. Als Ordensgründer gelten Hugo von Payens und Gottfried von Saint-Omer. Der in Jerusalem gegründete Ritterorden mit seinen 72 Ordensregeln erlebte einen schnellen Aufschwung in ganz Europa. Er kam bald zu Wohlstand und Reichtum, was auf zahlreichen Landschenkungen in ganz Europa beruhte, denn der Ritterorden beschäftigte sich nicht nur mit Kriegshandwerk und Glaubensfundamentierung, nein, er war auch kaufmännisch sehr erfolgreich.

In besten Zeiten hatte der Orden etwa 15 000 Mitglieder und verwaltete ca. 9.000 Besitzungen in ganz Europa und war dem Papst direkt unterstellt. Doch schon zu Beginn des 14. Jahrhunderts wurde der Niedergang des Templerordens eingeleitet. Die Gründe waren sicherlich sehr vielfältig, entscheidend war aber wohl, dass der Orden dem französischen König Philipp IV. und dem aus Frankreich stammenden Papst Clemens V. einfach zu mächtig wurde. Zumal der Orden auch eine Mitgliedschaft des französischen Königs ablehnte. Intrigen wurden geschmiedet, um den Orden zu zerstören und sich dessen Besitztümer anzueignen. Am 14. September des Jahres 1307 wurde von Philipp IV. Haftbefehl gegen alle Templer erlassen.

Der damalige deutsche König, Albrecht I., war aber nicht bereit, die Templer in Deutschland zu verfolgen. Doch auch auf ihn wurde insbesondere der Druck des Papstes immer größer. In der Harzregion war der Erzbischof von Magdeburg, Burchard III., angesagter Gegner der Templer. Er erließ im Jahr 1308 den Befehl, die Templer des Sprengels Halberstadt sowie weiterer Sprengel der Harzregion festzusetzen. Das brachte aber den Halberstädter Bischof Albrecht I. auf den Plan, einen Templerunterstützer, und die Templer der Harzregion gaben nicht kampflos auf.

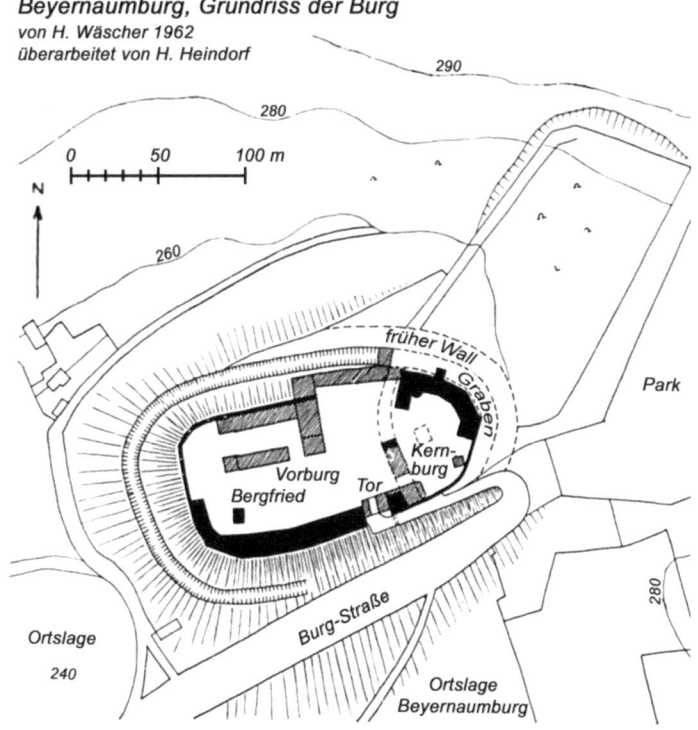

Beyernaumburg, Grundriss der Burg
von H. Wäscher 1962
überarbeitet von H. Heindorf

83

Jetzt tritt die Burg Beyernaumburg in den Fokus der Geschichte. Die Templer zogen sich auf diese Burg im Vorland des Südharzes zurück, die unweit von Sangerhausen liegt. Diese Burg war eine uralte Reichsburg, die schon unter Karl dem Großen erwähnt wurde. Anfang des 12. Jahrhunderts gab Kaiser Heinrich V. die Burg dem bayrischen Grafen Wichmann von Gleuß-Seeburg zu Lehen (daher Beyernaumburg). Ende des 12. Jahrhunderts kam die Burg durch Schenkung dann an das Erzstift Magdeburg. Ausgerechnet auf dieser Burg, die Erzbischof Burchard unterstand, verschanzten sich die Templer. Für diesen natürlich eine willkommene Möglichkeit, der Templer habhaft zu werden. Er ließ die Burg belagern und baute zu diesem Zweck zwei nahe gelegene Kirchen als Befestigungsanlagen aus. Aber in dieser Zeit bestand schon eine enge Verquickung zwischen politischer und kirchlicher Macht. So besaß der Erzbischof von Magdeburg die politische Macht in dieser Region, der Bischof Albrecht von Halberstadt die kirchliche. Doch Albrecht wollte die Zweckentfremdung seiner Gotteshäuser nicht hinnehmen.

Auch, dass der Erzbischof die beschlagnahmten Templergüter im Halberstädter Bistum nicht herausgeben wollte, nahm Albrecht übel. Es kam zu einem bis dato einmaligen Vorgang, in dem der Halberstädter Bischof den Magdeburger Erzbischof mit dem Kirchenbann belegte. Mit diesem unnachgiebigen Vorgehen seines Amtskollegen hatte der Erzbischof wohl nicht gerechnet, er machte einen Rückzieher und sagte den Templern Sicherheit und die Aussetzung weiterer Festsetzungsmaßnahmen zu, was dem Tempelritterorden aber nicht das Fortbestehen sicherte. Im Jahr 1312 war der Templerorden endgültig zerstört, der Papst hob den Orden auf und der letzte Großmeister, Jacques de Molay, wurde im Jahr 1314 verbrannt.

Burg Beyernaumburg aber bestand weiter, zwar in häufig wechselndem Besitz, dafür dauerhaft. Im Jahr 1430 wurde die Burg an die Grafen von der Asseburg verkauft und blieb im Besitz dieses Geschlechts bis zu dessen Aussterben im Jahr 1628. Im gleichen Jahr kam das bekannte deutsche Adelsgeschlecht von Bülow in den Besitz der Burg. Ab dem Jahr 1815 diente die einstige Reichs- und Grafenburg dann nur noch als Rittergut. Im Jahr 1865 ließ Victor von Bülow die stark desolate und nicht mehr zeitgemäße Burg abreißen und dafür ein neues Schloss im neugotischen Stil an gleicher Stelle errichten.

Heute zeugt über dem Rohnetal, oberhalb des Ortes Beyernaumburg, neben dem neugotischen Schloss nur noch der Rest der einstigen Ringmauer und ein mächtiger Bergfried von 8 x 8 x 30 Meter von der einstigen Burg. Das Schloss samt Park dient heute als Alten- und Pflegeheim.

Übrigens, im Jahr 2007 öffnete der Vatikan seine Archive für Forschungsarbeiten bezüglich der Geschichte des Templerordens. Die vorgefundenen Dokumente besagen zweifelsfrei, dass alle Anschuldigungen, die der Anlass zur Zerschlagung des Ordens waren, falsch waren.

Aber die Legenden um die Tempelritter sind weiter lebendig. Und auch der sagenhafte Schatz der Templer wird bis heute vergebens gesucht.

Die Burgruine Stecklenburg

Verlässt man Bad Suderode in westlicher Richtung, erreicht man nach ein paar hundert Metern die Gemeinde Stecklenberg. Der Weg führt bergab ins Tal. Unten angekommen, im Zentrum des Dorfes, erblickt man in südlicher Richtung, etwa 70 Meter höher auf der Bergkuppe ein altes, verfallenes Gemäuer, das zwischen den Wipfeln der Bäume hervorschaut.

Es ist die Ruine der Burg „Stecklenburg". Sie liegt etwa 250 Meter über Normalnull auf einer nach Nordosten vorspringenden, felsigen Bergnase aus Wissenbacher Schiefer. Ein prädestinierter Burgenstandort für eine Wallburg. Der Berg fällt nach drei Seiten steil ab, nur im Südwesten führt eine schmale Zunge sowohl ins Tal, als auch zu den höheren Bergen im südlichen Hinterland. Die ehemals mächtigen Wallanlagen, die trapezförmig das Burgplateau von 100 x 160 Meter umschlossen, sind noch heute eindrucksvoll zu sehen.

85

„Gebet und Lied und Wort, - es ist verklungen:
Doch predigt jeder Stein mit Tausend Zungen:
Ob Menschenwerke untergehen,
was Gottes ist, wird fortbestehen."

So lautet ein altes Lied zur Stecklenburg.

Ansicht der Stecklenburg, der Großen und Kleinen Lauenburg (von links), H. Wäscher

Rekonstruktionszeichnung der Stecklenburg um 1500 von H. Wäscher 1962

Und wer die noch heute beeindruckende Ruine besucht, wird sich nicht nur ins Mittelalter zurückversetzt fühlen, sondern auch dieser Worte gedenken. Die Reste von Burgwall, Vorburg, Kernburg, Bergfried, Kellergewölbe und Kapelle geben eindrucksvoll Kenntnis von den Leistungen unserer Vorfahren.

Stecklenburg - Grundriss der Gesamtanlage
(Volksburg und mittelalterliche Burg)
von H. Wäscher 1962, überarbeitet von H. Heindorf

A   Wall und Graben der älteren Wallburg
B   Gebück - Verflochtenes Buschwerk
C   Burgweg
D   Tor
E   Doppeltoranlage
F   Wall und Graben der älteren Wallburg
G   Querwälle der älteren Wallburg
H   Ringgraben der
      mittelalterlichen Burg

Archäologische Funde weisen darauf hin, dass die Teile der Anlage schon zu vorgeschichtlicher Zeit, wahrscheinlich ab der Jüngeren Steinzeit, genutzt wurden. Die Erbauer der mittelalterlichen Burg sind allerdings unbekannt, da in keiner bekannten Urkunde erwähnt.

Auch das Baujahr der Stecklenburg ist bis heute nicht bekannt. Erste Beurkundungen benennen für 1129 Gero de Steckelenberge als Burgherrn. Bekannt ist auch, dass ab dem 12. Jahrhundert die Burg unter Lehenshoheit des Stifts Quedlinburg stand.

Im Jahr 1311 ging die Burg dann als „castrum" in den Lehensbesitz der Ritter von Hoym über, in deren Besitz sie dann bis 1605 war. Im Jahr 1364 wurde die Burg zerstört, aber wieder aufgebaut. Im Dreißigjährigen Krieg war die Burg noch verteidigungsfähig und bis ins Jahr 1736 noch teilweise bewohnt. Um 1750 wurden Teile der Burg und der Burgkapelle abgebrochen, um im Dorf Stecklenberg ein neues Gotteshaus zu bauen. Um das Jahr 1834 besaß der Bergfried noch ein Schieferdach, das bald danach wegen Baufälligkeit eingerissen werden musste.

Die Westerburg - das Wasserburgjuwel

Im Harzvorland des Harzkreises, zwischen Halberstadt und Wolfenbüttel, unweit von Dedeleben am Großen Bruch, liegt die Westerburg. Es gilt als erwiesen, dass sie auf eine Gründung von Karl dem Großen, während der Sachsenkriege um das Jahr 770, zurückgeht. Neueste Forschungsergebnisse lassen aber darauf schließen, dass dieser Flecken bereits zu Beginn der Zeitrechnung eine germanische Befestigungsanlage aufwies.

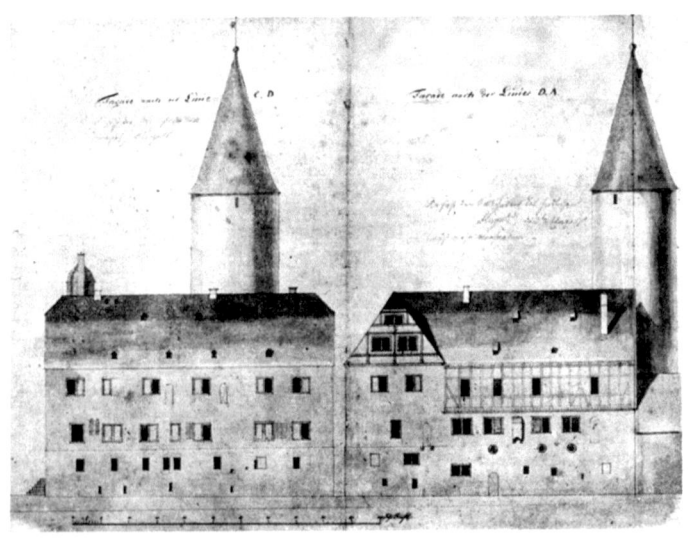

Westerburg – Ansichten der Wohnbauten des Kastellanbaues,
Aufnahme 1799 aus H. Wäscher 1962

Westerburg - Grundriss der Kernburg
von H. Wäscher 1962
überarbeitet von H. Heindorf

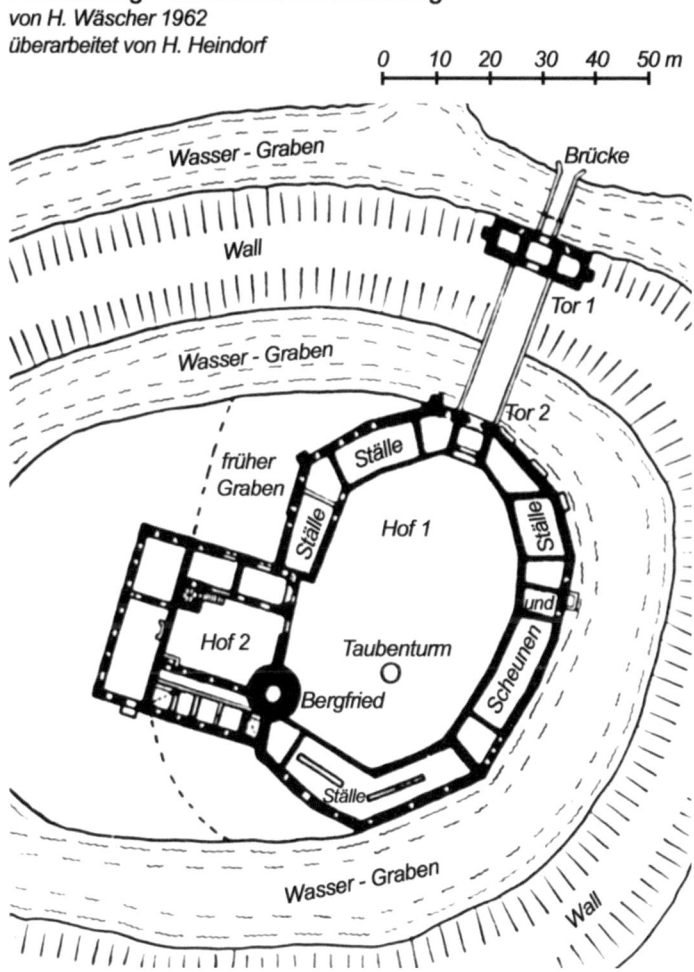

Ursprünglich bestand diese Burganlage, in sumpfigem Gebiet, aus einem doppelten Wall und einem zweifachen Burggraben sowie diversen Funktionsgebäuden. Um das Jahr 980 wurde der Bergfried errichtet, später dann die Gebäude der Rundburg.

Die erste urkundliche Nennung der Burg vom Jahr 1052 besteht aus einer Schenkungsurkunde von Kaiser Heinrich III. an den Halberstädter Bischof. Das Bistum Halberstadt gab die Burg später als Lehen an die Regensteiner Grafen. Im 16. Jahrhundert hatte die Westerburg wechselnde Besitzverhältnisse, war aber zum Großteil Lehen der Herren von Veltheim.

In der Zeit des Dreißigjährigen Krieges hatte auch die Westerburg einiges zu erdulden, wurde umkämpft und mehrfach besetzt, aber nicht zerstört. Nach dem Westfälischen Frieden wurde die Westerburg, mit ihren zeitweise 26 Dörfern, durch die Säkularisierung des Bistums Halberstadt aus dessen Bestand in den Besitz des Kurfürstentums Brandenburg überführt. Die Westerburg wurde Lehen der Herren von Steinburg und verblieb bis zu deren Aussterben im Jahr 1701 in ihrem Besitz. Preußen verpachtete die Burg als Rittergut an die bürgerliche Familie Wahnschaffe. Die Pacht war mit der Auflage verbunden, das „Große Bruch" urbar zu machen. Das Rittergut Westerburg verblieb bis zum Ende des Zweiten Weltkrieges in den Händen der Familie Wahnschaffe.

In der DDR-Zeit war die Burg Sitz der hiesigen LPG; auch Arztpraxis, Gemeindebüro, Kindergarten und Schule wurden in den Gebäuden angesiedelt, was die Burg wohl vor dem Verfall bewahrte.

Heute wird die Westerburg als älteste und besterhaltene Wasserburg Deutschlands angesehen. Seit dem Jahr 2000, nach umfassender Rekonstruktion, ist die Westerburg ein Hotel. Die „jüngsten" Besitzer, Familie Lerche, kann zu Recht stolz sein. Ihr Hotel ist außergewöhnlich, das aber im positivsten Sinn. 40 stilvoll eingerichtete Zimmer, inklusive der zwei First-Class-Suiten, werden jedem Anspruch gerecht. Dazu kommt eine gehobene Gastronomie mit regionaler, nationaler und internationaler Küche. Das gastronomische Ambiente beginnt mit dem klassischen Feinschmeckerrestaurant „Prinzessin Marie Pauline" sowie einer Südterrasse am Burggraben, dem folgten ein uralter Brau- und Ritterkeller sowie eine rustikale Burgscheune. Eine wunderschöne Bibliothek, die als Bar genutzt wird sowie der Fürsten- und Spiegelsaal bilden eindrucksvolle Ergänzungen. In der barocken Burgkapelle aus dem Jahr 1681 können sich Paare sowohl standesamtlich als auch kirchlich trauen lassen.

Ein umfangreicher Beauty- und Wellnessbereich rundet das Angebot ab. Das Extravagante an der Westerburg ist aber ihr umfangreiches Veranstaltungsangebot, das sicherlich für jeden Geschmack etwas zu bieten hat. Die I-Tüpfelchen dabei bilden aber die Konzert- und Theatervorstellungen des Nordharzer Städtebundtheaters (z.B. „Der Name der Rose"), weiter wollen wir nichts verraten.

Burgruine Ebersburg

„Wem gehört dieses schöne Land, Herr Heinrich?" Diese Frage stellte im Jahr 909 Mathilde, aus der Familie der Immedinger, als sie aus dem Kloster Herford, am Südharzvorland entlang, nach Wallhausen reiste, um dort den späteren König Heinrich I. zu ehelichen. Die Ebersburg kann sie, die man später die Heilige Mathilde nannte, noch nicht gesehen haben.

Denn die wurde wahrscheinlich erst um das Jahr 1181 erbaut. Die Region, in der die Ebersburg auf einer Bergkuppe im südöstlichen Harzvorland thront, liegt nordöstlich von Nordhausen, bei Herrmannsacker und Neustadt. Dieses Gebiet wird heute auch als „Kleinburgenland" bezeichnet. Aber dazu gleich mehr!

Zu jener Zeit lag der machthungrige Welfenherzog Heinrich der Löwe im Krieg mit Kaiser Friedrich I., Barbarossa. Heinrich kämpfte auch gegen die Thüringer Landgrafen und verwüstete Nordhausen und die Region schwer, bevor er sich dann im Jahr 1181, auf dem Reichstag in Erfurt, seinen übermächtigen Gegnern und dem Kaiser unterwarf. Er verlor daraufhin zahlreiche Lehen und Vogteien.

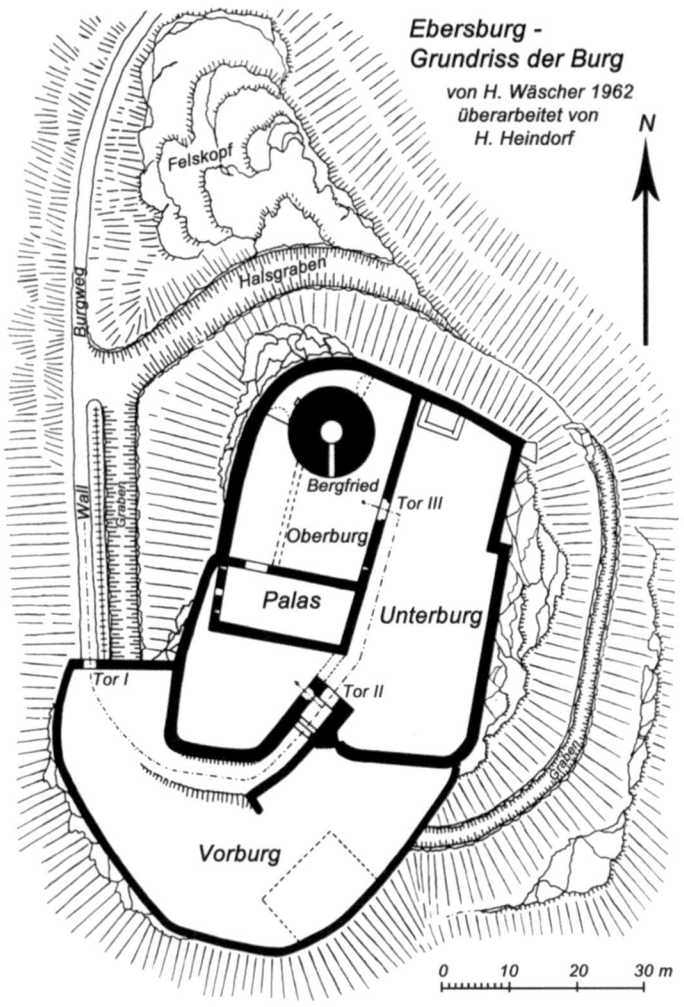

Ebersburg –
Grundriss der Burg

von H. Wäscher 1962
überarbeitet von
H. Heindorf

N

Felskopf

Halsgraben

Bergweg

Wall

Graben

Bergfried

Tor III

Oberburg

Palas

Unterburg

Tor I

Tor II

Graben

Vorburg

0   10   20   30 m

So auch die von Nordhausen, die im Jahr 1181 an Hermann Pfalzgraf von Sachsen fiel. Er und seine Familie der Ludowinger wollten ihre Herrschaftsansprüche in Nordthüringen stärken.

Dazu erbauten sie einige Burgen, so auch die Ebersburg. Die ursprüngliche Burganlage bestand aus einer Vorburg, zirka 30 x 60 Meter umfassend, einer Unterburg von 20 x 50 Meter sowie einer zweigeteilten Kernburg von 23 x 60 Meter, gelegen auf einer 410 Meter hohen, nach Süden vorspringenden Bergkuppe. Den ersten urkundlichen Hinweis auf die Burg gab es im Jahr 1199, als ein Heinrich von Eversberch als Marschall des Landgrafen von Thüringen genannt wurde. Die Ebersburg als solche findet im Jahr 1216 erstmals als „castrum Eversberc" Eingang in die geschichtlichen Aufzeichnungen. In dieser Zeit hatte die Burg auch ihre Blütezeit, denn Landgraf Hermann muss ein bedeutender Mann im Reich gewesen sein. Da die Burg mit einem Marschall besetzt war, hatte sie wohl zur damaligen Zeit Residenzcharakter.

Herman I. veranlasste auch die Ansiedlung im Einzugsbereich der Burg und wurde Namensträger vom heutigen Herrmannsacker. Aber er war auch den Künsten zugetan, so ist es nicht verwunderlich, dass sein Hof von Minnesängern, wie Walther von der Vogelweide, gepriesen wurde. Bereits im Jahr 1247 jedoch erlosch das Thüringer Landgrafenhaus der Ludowinger und die Grafen von Anhalt machten Erbansprüche geltend. Es entbrannte ein Erbfolgekrieg, in den auch die Ebersburg verwickelt wurde. Um diese besser verteidigen zu können, wurde vom Grafen Siegfried von Anhalt über dem Krebsbachtal, in kurzer Entfernung zur Ebersburg, eine Gruppe von fünf Kleinburgen errichtet. Dieses „Allzunah" genannte Verteidigungssystem wurde wohl um 1274 errichtet. Im Jahr 1326 ging die Burg dann, nach einer Fehde, an das Grafenhaus von Stolberg über.

Die Stolberger belehnten verschiedene Adelsfamilien mit der Burg, die bis zum Jahr 1587 noch bewohnt war, danach aber verlassen wurde. Im Jahr 1650 wurde die Burg dann als „wüst" bezeichnet. Es folgten Jahrhunderte, in denen die Ebersburg einen Dornröschenschlaf schlief. Bis zum Jahr 2006, da wurde der „Verein für ein lebendiges Mittelalter" gegründet und die Burgruine der Obhut des Vereins aus Nordhausen übergeben. Seitdem wird gesichert, aufgeräumt, erhalten, rekonstruiert und saniert. Ein Besuch lohnt also wieder! Am besten aus Richtung Nordhausen oder Neustadt kommend, über Herrmannsacker, die Breitensteiner Straße entlang bis zur Sägemühle. Von dort zu Fuß bergan, durch schöne Laubwälder, auf den Burgberg. Oben angekommen eröffnen sich weite Ausblicke bis zum Kyffhäusergebirge.

Bei Schierke gibt es eine Vielzahl von Klippen. Mein heutiger Wandervorschlag führt Sie zu zwei der beeindruckendsten Klippenformationen dieser Region, die schon Goethe inspiriert haben, ihnen einige Zeilen in seinem Epos „Faust" zu widmen.

Unser Weg beginnt in Elend, auf dem Parkplatz in der Ortsmitte. Wir wandern Richtung Elendstal-Schierke. Nach zirka 750 Meter zweigt ein Wanderweg nach links ab, der mit einem grünen Punkt gekennzeichnet ist. Dieser Weg erreicht nach etwa einem Kilometer die Schnarcherklippen. Diese zwei Granittürme von rund 27 Metern Höhe genießen unter den Schierker Klippen eine Art Kultstatus. Zum einen weil diese beiden etwa 20 Meter voneinander entfernten Felsen wirklich schnarchen können. Bei starkem Wind aus südöstlicher Richtung entstehen diese unverwechselbaren Geräusche, die den Klippen ihren Namen gaben. Eine der beiden Klippen ist den Bergsteigern vorbehalten. Die zweite, nördlichere, kann über Leitern er-klommen werden. Ein Unterfangen für Schwindelfreie, das aber mit einem außergewöhnlichen Panoramablick zum Brocken und Wurmberg belohnt wird.

Ist man auf einer der Klippen und hat einen Kompass dabei, so kann der Kompassträger ein kleines Wunder erleben. Wie von Geisterhand getrieben, kreiselt die Nadel in alle Richtungen, nur nicht nach Norden. Aber mystische Kräfte sind dafür nicht verantwortlich, vielmehr ist das Gestein der beiden Klippen stark eisenhaltig. Und durch Blitzschlag wurde das Gestein mag-netisiert, wie auf einer Informationstafel zu lesen ist.

Von diesen beiden Klippen war schon Goethe auf seiner Harzreise im Jahre 1784 besonders angetan. Sie inspirierten ihn dermaßen, dass er in seinem „Faust" folgenden Monolog inte-grierte: „…und die Klippen, die sich bücken; und die langen Felsennasen; wie sie schnarchen, wie sie blasen!"

Weiter führt unser Weg bergab zu der Mauseklippe. Die Herkunft dieses Namens ist mir leider nicht bekannt, vielleicht können ja die Leser helfen. Auch die Mauseklippe dient Enthusiasten als Kletterfelsen. Und auch sie hat die für das Brockenmassiv typische Wollsackstruktur – eine spezielle Variante der Verwitterung und Erosion von Granitgestein. An der nächsten Wege-kreuzung biegen wir nun links ab und gelangen ins Ortszentrum von Schierke. Von Schierke aus nutzen wir den mit einem blauen Dreieck gekennzeichneten Weg, zurück nach Elend.

Dieser Weg führt durch das Elendstal, vorbei an der Ruine der Elendsburg. Das Elendstal ist ein wirklich wildromantisches Tal. Ausgewiesen als Naturschutzgebiet, lenkt es die Kalte Bode von Schierke nach Elend. Unzählige große und kleine Felsbrocken versuchen den Lauf der Bode aufzuhalten – vergebens. Aber für allerlei geheimnisvolle Geräusche, im sonst stillen Laubmischwald, taugen sie allemal. Etwa 750 Meter unterhalb der Schnarcherklippen befindet sich auf der linken Kammseite die Elendsburg. Auf einem freistehenden Felsriff, 545 Meter über Normalnull thronte sie einst, die geheimnisvolle, von der keine urkundliche Nachricht auf uns gekommen ist. Vermutet wird, dass sie den im Mittelalter viel genutzten Handelsweg „Ul-mer Weg" durch das Elendstal schützen sollte. Die Elendsburg wurde nach der Auflassung der ottonischen Jagdpfalzen ab 1056 ebenfalls aufgegeben; sie diente dann Benediktiner-mönchen als Domizil.

Die Elendsburg ist von unserem Weg aus problemlos zu erreichen, man muss nur den vor-handenen Wegweisern folgen. Von der im Wald versteckten Ruine hat man einen guten Blick über das Elendstal. Mauerwerk sucht man allerdings vergebens. Die Steine wurden Ende des 18. Jahrhunderts zum Hochofenbau verwendet.

Trotzdem stößt man überall auf Reste und Hinterlassenschaften der einstigen Burg, die sich über zwei Terrassenebenen erstreckte – in Stein gehauene Stufen, Gräben, Wälle, ausgehauene Felsenkammern – und manches mehr. Natürlich gehört zu jedem Ruinenbesuch auch eine gehörige Menge Fantasie und Vorstellungskraft.

Nachdem diese Eigenschaften vorübergehend erschöpft sind, geht es zurück ins Tal und nach Elend zum Parkplatz. Wenn jetzt der Magen knurren sollte, ist eine Portion von Kukki's Erbsensuppe zu empfehlen. Eine Gulaschkanone steht zwischen Elend und Braunlage.

Das Knigge-Schloss Harkerode

„Benimm", auch „gutes Benehmen" genannt, ist in den allerseltensten Fällen Glückssache. Wenn man an „Benimm" denkt, kommt uns stellvertretend Knigge in den Sinn, Adolph Freiherr Knigge. Das deutsche Synonym für Benimmratgeber, dessen bekanntestes Werk „Über den Umgang mit Menschen" ist. Das Werk aus dem Jahre 1788 wurde irrtümlich als „Benimmbuch" missverstanden. Es war ursprünglich eine Aufklärungsschrift, die für Taktgefühl und Höflichkeit im Umgang mit den Generationen und Berufsständen werben wollte.

Schloss Harkerode, Sammlung- Duncker (aus eigenem Archiv)

Die Familie Knigge war ein uraltes Adelsgeschlecht, welches aber verarmte, das „von" ablegte und nur noch den Titel „Freiherr" beibehielt. Zu Hause waren die Knigges im Calenberger Land, das zwischen Deister und Leine in der Region Hannover liegt.

Im Jahr 1678 waren die Grafen von Mansfeld-Vorderort insolvent. Die Südharzer Grafen mussten Teile ihrer Grafschaft verpfänden, so auch die der Herrschaft Arnstein, die an die Freiherren Knigge verpfändet wurde. Die zugehörige Burg Arnstein entsprach wohl nicht mehr den Ansprüchen der neuen Besitzer und verfiel zunehmend. Um das Jahr 1700 begannen die Knigges am Flüsschen Eine, am Rande des Dorfes Harkerode, ein kleines Jagdschloss zu erbauen. Im Jahr 1812 gelangte die Familie Knigge dann in den endgültigen Besitz der Herrschaft Arnstein.

Das Schloss Harkerode wurde von den Knigges bis zum Jahr 1944 ständig genutzt, es wurde ständig erhalten und erweitert. Im Jahr 1945 wurde das Schloss im Rahmen der Bodenreform in der Sowjetischen Besatzungszone enteignet und in Volkseigentum überführt. Nach einigen Jahren Leerstand wurde das Schloss ab dem Jahr 1952 als Kinderheim umgenutzt. Nach der Wiedervereinigung ging das Schloss in das Eigentum des Landkreises über, wurde aufwendig saniert und wird weiterhin als Kinderheim genutzt.

Das Schloss Blankenburg

Blankenburg gehörte im Früh- und Hochmittelalter zum Hartingau, der erst Reichslehen, dann Lehen des Bistums Halberstadt war. Auf einer vortretenden Bergkuppe, dem Blankenstein, wurde schon in früher Zeit eine Schutzburg errichtet. Ein exponierter Standort mit strategischer Bedeutung, der den Blick bis zu den Halberstädter Türmen gewährleistete. Eine erste urkundliche Erwähnung der Burg auf dem Blankenstein stammt aus dem Jahr 1123.

Zu dieser Zeit waren Grafschaft und Schloss im Lehen des Geschlechts der Süpplingenburger. Sachsenherzog Lothar setzte Poppo, einen Neffen des Halberstädter Bischofs Reinhard, als Gaugrafen auf die Blankenburg. Die Siedlung Blankenburg, die wohl älter als die Burg ist, lag angeschmiegt, in Kaskaden errichtet, am Burgberg. Der Sohn des Grafen Poppo von Blankenburg, Konrad, begründete im Jahr 1167 das Geschlecht der Regensteiner.

Die Grafen von Blankenburg-Regenstein entwickelten sich zu einem der bedeutendsten Adelsgeschlechter des Harzes, und sie zählten nicht zu den Friedfertigsten. Es folgte gegen Ende des 12. Jahrhunderts eine Splittung des Geschlechts in die Linien der Blankenburger und der Regensteiner, die Burg wurde zum Schloss umgebaut. In der Folge pflegten die Blankenburger Grafen recht gute Beziehungen zu den Halberstädter Domherren, Hermann von

Blankenburg wurde sogar Halberstädter Bischof. Aus der Linie der Blankenburger Grafen stammte auch der Magdeburger Erzbischof Burchard II., der im Salzland Staßfurt/ Schönebeck Initiator einer Salinenvereinigung war.

Ab Mitte des 15. Jahrhunderts mussten die letzten Regensteiner ihre inzwischen unbewohnbar gewordene Burg verlassen und zogen auf die Blankenburg. Die beiden Linien verschmolzen erneut.

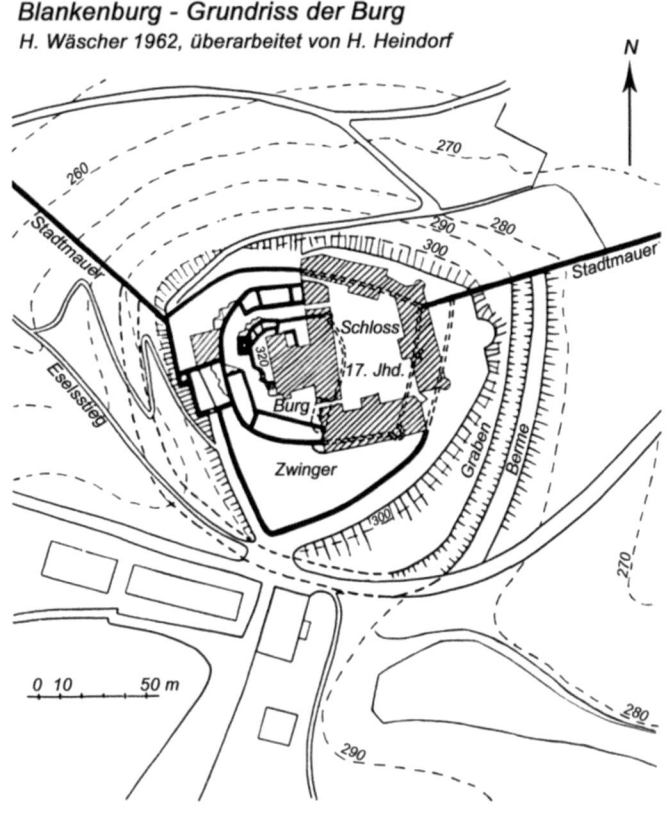

Blankenburg - Grundriss der Burg
H. Wäscher 1962, überarbeitet von H. Heindorf

Zu Beginn des 16. Jahrhunderts wurde ein großzügiger Neubau errichtet. Im Jahr 1546 kam es auf dem Schloss zu einem verheerenden Brand mit großen Zerstörungen, und im Jahr 1599 starb das Geschlecht der Grafen von Blankenburg-Regenstein aus; der gesamte Lehnsbesitz fiel an Herzog Julius von Braunschweig-Wolfenbüttel.

Im Jahr 1705 begannen die Braunschweiger Herzöge, das alte wiedererrichtete Renaissance-schloss in ein Barockschloss umzubauen. Im Jahr 1714 wurde die Grafschaft Blankenburg unter Ludwig Rudolf von Kaiser Joseph I. in den Stand eines Fürstentums erhoben. Das Fürstentum Blankenburg war mit seinen 357 Quadratkilometern eines der kleinsten reichsunmittelbaren Fürstentümer des Heiligen Römischen Reiches Deutscher Nation. Der letzte Herzog auf dem Schloss war Ernst August von Braunschweig mit seiner Gattin Herzogin Victoria Luise Prinzessin von Preußen, bis zur Enteignung und Flucht im Jahr 1945.

Im Jahr 1917 wurde auf Schloss Blankenburg die einzige Tochter des Fürstenpaares, Friederike, geboren, die später Königin der Hellenen und Mutter der spanischen Königin Sophia wurde. Nach der Enteignung war das Schloss in DDR-Volkseigentum überführt worden und begann stark zu verfallen. Nach der Wiedervereinigung wurden Rückübereignungsansprüche gestellt, die abschließend abgelehnt wurden. Nach wechselnden Besitzverhältnissen wurde das Schloss Blankenburg im Jahr 2008 vom Verein „Rettung Schloss Blankenburg e.V." erworben.

Das Schloss war in einem sehr desolaten Bauzustand und wird Stück für Stück saniert. Wenn auch viele Bereiche des Schlosses aus baulichen Gründen nicht zugänglich sind, so können doch die repräsentativsten Räume, wie der Graue Saal, das Theater, die Schlosskapelle, Kaiser- und Rittersaal sowie der Schlossinnenhof gezeigt werden. Darüber hinaus besteht die Möglichkeit, die angrenzenden Sehenswürdigkeiten – Kleines Schloss mit Barockgarten, Teehaus, Berggarten und Museum, Stadtmauer, Fasanengarten sowie Schlosspark und Schlossteich – zu besichtigen.

Die Schanzenburg

Eine Burg ist es nicht mehr, nicht einmal eine Ruine, und keine überirdischen Mauerreste zeugen von ihr. Die Schanzenburg bei Heudeber, unweit von Halberstadt, ist heute nur noch ein 24 Meter hoher Hügel. Geliebt wird er aber von den Einheimischen als Ausflugsziel im Winter zum Rodeln und Skifahren.

Aber er ist weit mehr, ein Zeugnis der Geschichte des Nordharzes. Über die gewaltige mittelalterliche Burg, die 180 x 90 Meter maß und 1,5 Meter mächtige Mauern besaß, wissen wir sehr wenig. Genannt wurde sie als „Scalkesburg" in den Jahren 1294 und 1298 im Urkunden-buch des Klosters Drübeck. Die Gesamtanlage von 130 x 230 Meter wurde damals von den Bauern der Region als Fluchtburg genutzt. Nach dem Dreißigjährigen Krieg hat sie wohl schon nicht mehr bestanden, denn in entsprechenden Unterlagen ist lediglich noch von „Wiese an dem Berge" die Rede. Das Jahr der Erbauung, Bauherr sowie Besitzer, aber auch Zeitpunkt und Ursache der Auflassung der Burg, liegen bisher im Dunkel der Geschichte.

Trotzdem wissen wir noch einiges mehr, denn im Jahre 1880 wurde eine Grabung durchge-führt. Dabei wurden Fundamente und ein Brunnen freigelegt. Bis in die heutige Zeit wurden tausende von Funden gemacht. Es handelte sich zwar zum Großteil um Scherben, die lassen aber auf eine ungefähre Nutzungsdauer schließen. So kann man davon ausgehen, dass die-ser Berg von der Jungsteinzeit an von Menschen genutzt wurde. Seine Lage machte ihn si-cherlich schon in Zeiten des Naturglaubens für unsere Vorfahren als Aussichtspunkt und Hei-ligtum interessant. Gefunden wurden bisher auch mehrere Steinbeile, eine Bootsaxt, Pfeilspit-zen aus Feuerstein, ein Bronzebeil, zahlreiche Urnen, Schwertgriffe und Schmuck. Sicherlich verbirgt die Schanzenburg noch viele Geheimnisse, denn ihre Lage zwischen Harz und Huy macht eine Nutzung über mehrere Jahrtausende wahrscheinlich.

Aber für weitere archäologische Ausgrabungen stehen vorerst keine finanziellen Mittel zur Verfügung.

Kürzlich konnte die Gemeinde Heudeber das Areal käuflich erwerben. Ihr geliebter Berg wird zur Naherholung erhalten bleiben. Tausende Obstbäume wurden schon gepflanzt; für Natur- und Geschichtsliebhaber, die sich gern abseits ausgetretener Touristenpfade bewegen, ein lohnenswertes Ziel.

Burgruine Königsburg

Dort, wo sich die rauschenden Bodegeschwister Warme und Kalte Bode vereinen, liegt auf einem bewaldeten Bergkegel die Ruine der Königsburg. Über Jahrzehnte hinweg wurde an-genommen, dass es sich bei dieser Burg um den königlichen Jagdhof Bodfeld handelt, auf dem die deutschen Könige und Kaiser, von Heinrich I. bis Heinrich III., mit ihrem Gefolge Quartier nahmen. Grund dieser Annahme waren die Ausgrabungen und Forschungen des Wernigeröder Professors Höfer von 1898 -1901 und seine irrtümlichen Schlussfolgerungen.

Heute weiß man, dass die Burg in keinem unmittelbaren Zusammenhang mit dem königlichen Jagdhof Bodfeld, möglicherweise drei Kilometer nordöstlich von Elbingerode gelegen, steht.

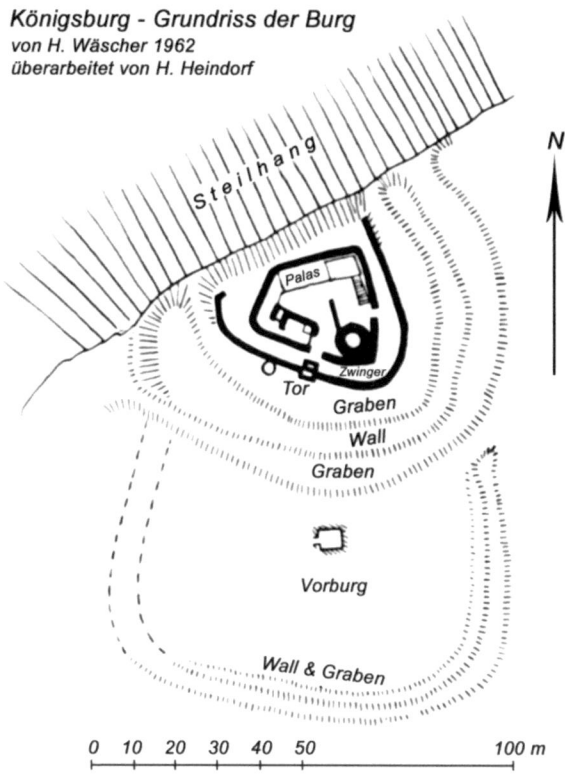

Königsburg - Grundriss der Burg
von H. Wäscher 1962
überarbeitet von H. Heindorf

Steilhang

N

Palas

Zwinger

Tor

Graben

Wall

Graben

Vorburg

Wall & Graben

0   10   20   30   40   50   100 m

Die Königsburg, deren erste urkundliche Nennung als „castrum konigshof" 1312 erfolgte, ist eine ideal ausgebildete Burganlage aus der Übergangszeit vom Hoch- zum Spätmittelalter. Die Bauherren sind nicht überliefert, eine Vermutung deutet aber auf das Geschlecht von Botfelde hin, das wohl aus den Vögten des ehemals königlichen Jagdhofes hervorging.

Fakt ist, im Jahr 1312 kaufte Bischof Albrecht I. von Halberstadt die Burg vom Knappen Heinrich von Botvelde. Weitere Fakten aus der Zeit des Mittelalters gibt es nicht. Aber die kleine, wehrhafte Burg schien schon früh verlassen oder aufgegeben worden zu sein. Eine Nennung aus dem Jahr 1614 erwähnt nur noch den Bergfried „zum Königshoffe", der ab dem Jahr 1709 dann nur noch unter dem Namen „Königsburg" genannt wurde.

101

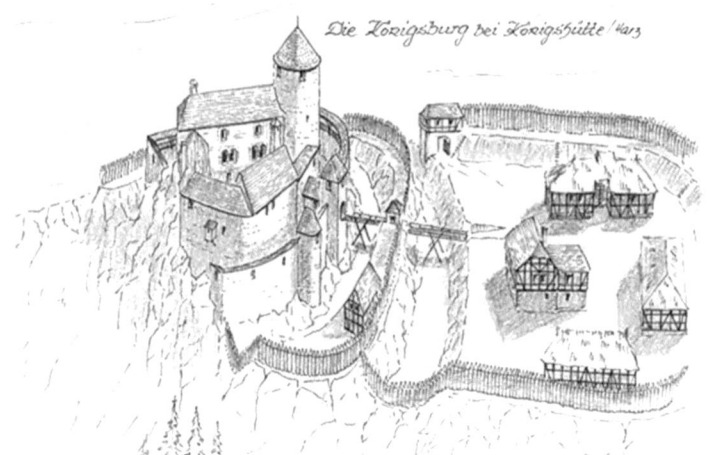

Die Königsburg bei Königshütte / Harz

Bei den Ausgrabungen von Höfer wurden umfangreiche Brandspuren sowie eine große Anzahl von Pfeilspitzen gefunden, was auf eine Belagerung mit anschließender Schleifung hin-
deutet. Wie auch immer, von der Königsburg, die einst 23 x 25 Meter maß, ist nur noch ein
etwa zehn Meter hoher Rest des Bergfrieds samt Burgverlies erhalten. Ein Ausflug vom Ort
Königshütte, zum Plateau der Burg, ist trotzdem sehr empfehlenswert und wird mit einer herrlichen Aussicht belohnt.

Burgruine Anhalt und Selkemühle

Zuerst war der Legende nach die Mühle vorhanden. Sie war eine Lehmmühle und sie soll die
Ziegel für die Burg geliefert haben. Die damit erbaute Burg war gewaltig, eine der größten im
Harzgebiet.

Zur Zeit der Völkerwanderung ließ sich ein verdrängter Stamm, aus dem Volk der Sueben,
am nordöstlichen Harzrand nieder. Um sich gegen die ständig eindringenden Sachsen verteidigen zu können, wurden auf vielen Anhöhen hölzerne Befestigungen erbaut. Auch eine Art
Balkenburg wurde von dem ersten überlieferten Grafen Albert II. auf einer Anhöhe errichtet,
die Ballenstedt genannt wurde, was so viel wie Balken-Stätte bedeutet. Aus dem suebischen
Stamm entwickelte sich das suebische Geschlecht der Beringer, aus dem sich, um das Jahr

1000, durch Verheiratung mit sächsischen Adelshäusern das Geschlecht der Askanier entwickelte. Zu Beginn des 11. Jahrhunderts waren sich also Sueben und Sachsen näher gekommen. Dann aber erschlug der suebische Askanier, Graf Esico, einen sächsischen Grafen. Zur Strafe befahl der Kaiser, dass Esico seine Balkenburg in ein Kloster umwandeln musste.

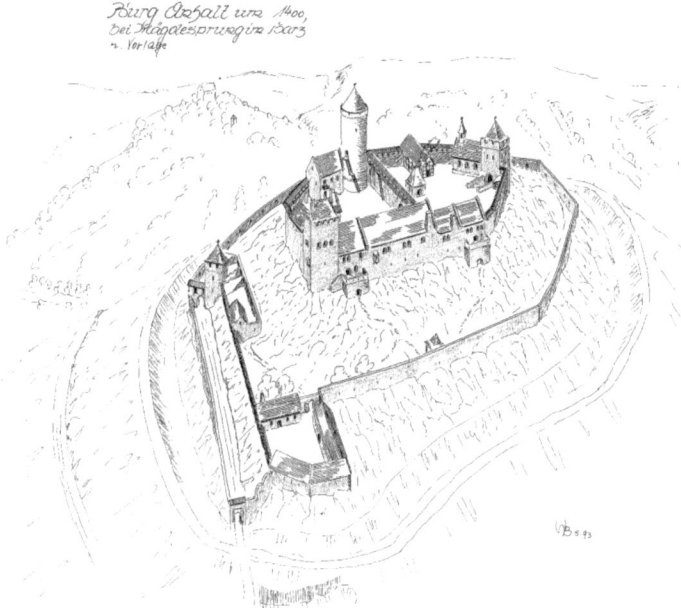

Esico brauchte indes eine neue, repräsentative und wehrhafte Burg. Da bot sich das nahegelegene Selketal, mit seinem Großen Hausberg, als idealer Standort an. Und Graf Esico baute eine gewaltige Burg, deren Anlage 130 x 220 Meter maß. Und er nannte sie Burg Ane-Holt, was aus dem Althochdeutschen übersetzt so viel wie „ohne Holz" bedeutet. Aus Ane-Holt wurde Anhalt, das später einem ganzen Land seinen Namen gab.

Doch, dass pure Größe allein kein Garant für Sicherheit und Unbesiegbarkeit ist, zeigt dieses Beispiel. Denn die Burg Anhalt wurde nur zirka 100 Jahre alt. Im Jahr 1140 wurde sie bei einer Fehde zwischen dem Erzbischof von Magdeburg und dem Markgrafen Konrad von Meißen zerstört, wie alte Urkunden berichten.

Burg Anhalt - Grundriss
von F. - W. Krahe 1996 nach F. Stolberg 1968,
überarbeit von H. Heindorf

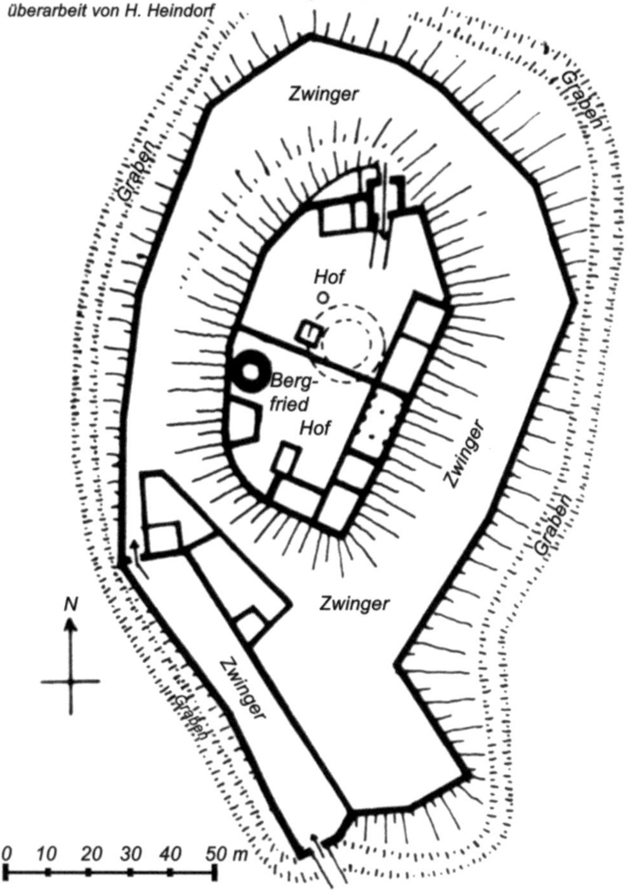

Zwinger

Hof

Berg-
fried

Hof

Zwinger

Zwinger

Graben

Graben

Graben

Zwinger

N

0   10   20   30   40   50 m

Ab Mitte des 12. Jahrhunderts ließ Sachsenherzog Albrecht der Bär, aus dem Geschlecht der Askanier, die Burg Anhalt wieder aufbauen. Vieles deutet darauf hin, dass dies im hochromanischen Stil geschah. Der gewaltige Rundturm der Ursprungsanlage, von 18 Meter Durchmesser und 1,8 Meter Mauerdicke, der zum Teil als reine Turmburg angesehen wird, wurde dabei nicht wieder errichtet und wurde vom Neubau übermauert. Im 13. und 14. Jahrhundert wohnten und residierten die Fürsten und Herzöge von Anhalt-Askanien auf der Burg und errichteten Ende des 13. Jahrhunderts auch noch eine weitläufige Zwinger-Unterburg. Dann muss die Burg wohl ihre strategische und militärische Bedeutung verloren haben und wurde zugunsten von Stadtschlössern aufgegeben. Ende des 15. Jahrhunderts schienen die Burg Anhalt sowie ihre kleine Schwesterburg, die zirka 500 Meter weiter östlich auf dem Kleinen Hausberg lag, verlassen und das zugehörige Dorf Anhalt wüst geworden zu sein. Dann hatte sich die Natur wieder ihr Recht genommen; für die Menschen waren die Burgenreste willkommenes Baumaterial, denn untypischerweise für diese Zeit war ein Großteil der Burg aus Ziegelsteinen im Klosterformat gebaut worden.

Heute ist die einst gewaltige Burganlage eine Ruine, von der nur noch Mauerreste von Kapelle, Wohntrakt, Bergfried und Ringmauer vorhanden sind. Trotzdem sind die Ruine und der Große Hausberg eine Wanderung wert.

Und die startet man von der Selkemühle, der eingangs erwähnten Lehmmühle, gelegen im Selketal, direkt unter dem Großen Hausberg. Aus der Lehmmühle wurde später eine Getreidemühle, sicherlich in den Diensten der Burg. Mit der Auflassung der Burg verlor auch die Mühle ihre Bedeutung und wurde wüst. Doch mit dem Aufkommen des Fremdenverkehrs, zum Ende des 19. Jahrhunderts, begannen drei Ballenstedter Damen die Mühle als Gasthaus zu betreiben.

Zu Beginn des 20. Jahrhunderts kaufte ein Fritz Böcker das Anwesen und beendete den Dornröschenschlaf der Selkemühle. Der umtriebige Gastwirt gründete auf den Selketalwiesen die erste deutsche Shetlandpony-Zucht, schuf einen kleinen Landschaftspark, errichtete einen Wildpark, baute Übernachtungskapazitäten auf und eröffnete den ersten Harzer Biergarten. Vieles davon hat die letzten hundert Jahre überdauert und der Biergarten ist bis heute ein Aushängeschild der Selkemühle. Zu DDR-Zeiten war sie Ferienheim der Post mit öffentlicher Gaststätte und nach der Wiedervereinigung ging sie wieder in private Hände über und durchlebte eine wechselvolle Geschichte.

Burgruine Falkenburg

Geografisch betrachtet gehört die Falkenburg nicht zum Harz, sondern zum Kyffhäusergebirge. Strategisch gesehen bildet sie aber eine Einheit mit den mittelalterlichen Harzburgen. Sie liegt auf einem südwestlichen Ausläufer dieses Vorharzgebirges, in unmittelbarer Nähe der Barbarossahöhle. Dort, wo über Jahrhunderte die bedeutende „Alte Salzstraße" von Frankenhausen nach Nordhausen, dann weiter über Herzberg und Osterode nach Norden führte; zu ihrem Schutz wurde die Burg sicherlich auch erbaut.

Wann sie erbaut wurde ist nicht belegt und auch der Bauherr ist nicht überliefert. Vermutet wird ihre Entstehung unter Heinrich IV. im 12. Jahrhundert, worauf archäologische Funde hindeuten. Aus dem Dunkel der Geschichte tritt die Falkenburg erst im Jahr 1349. Eine Urkunde macht uns mit Heinrich von Falkenburg bekannt, der ursprünglich Heinrich von Luppin hieß und Neffe des Minnesängers Christian von Luppin war. Wie dieser Ritter, der Vasall der Grafen von Rothenburg-Beichlingen war, zur Falkenburg kam, ist nur zu vermuten. Auf jeden Fall sind im 14. Jahrhundert die Ritter von Falkenburg mehrfach urkundlich bezeugt.

Falkenburg bei Rottleben, Kyffhäuser

Die Falkenburg war weder besonders repräsentativ noch besonders wehrhaft, sie war einfach nur zweckmäßig. Die Burganlage füllte das kleine Kalksteinplateau fast vollständig aus. Die Burganlage war von quadratischem Grundriss und wurde von einer 1,5 Meter dicken Ringmauer umschlossen, in die der etwa 4 x 5 Meter messende Bergfried integriert war. Man kann durchaus sagen, für eine Burg war die Falkenburg recht winzig. Es wurde eine bebaute Nutzfläche von etwa 31 Quadratmetern und eine Hoffläche von 18 Quadratmetern gemessen.

Dass aber die Größe und Wehrhaftigkeit einer mittelalterlichen Burg keine wichtigen Kriterien für deren Funktion darstellen, zeigt dieses Beispiel. Unter Ritter Hans von Falkenburg spielte die Falkenburg zu Beginn des 15. Jahrhunderts eine äußerst prekäre Rolle in ihrer Region.

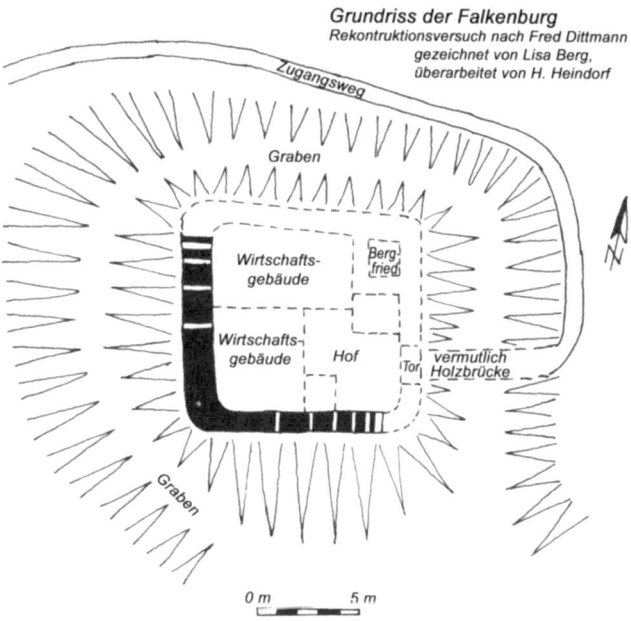

Grundriss der Falkenburg
Rekonstruktionsversuch nach Fred Dittmann
gezeichnet von Lisa Berg,
überarbeitet von H. Heindorf

Sie war zur Raubritterburg verkommen und mit dem Burgherrn verbündeten sich weitere Edelleute als Mitstreiter, wie Hans von Thühne und Ritter von Stockhausen. Zusammen machten sie das Gebiet zwischen Nordhausen und Mühlhausen sowie die Vorharzregion unsicher. Bauernhöfe wurden überfallen und gebrandschatzt, Reisende und Kaufleute überfallen, um Hab und Gut, Leib und Leben gebracht.

Die ständig wachsende Zahl von Überfällen führte dann angeblich im Jahr 1458 dazu, dass es zu einem Verteidigungsbündnis zwischen Herzog Wilhelm von Sachsen, den Grafen von Schwarzburg, Stolberg, Hohnstein sowie dem Grafen zu Nassau und den Städten Erfurt, Nordhausen und Mühlhausen kam. Ein verbündetes Heer mit Geschützen wurde aufgestellt und rückte vor die winzige Falkenburg, um das Raubnest zu belagern. Gemäß Überlieferung soll es keine drei Tage gedauert haben, bis die schwache Gegenwehr erloschen war. Die

107

Burg wurde eingenommen und von Herzog Wilhelm bis auf die Grundmauern zerstört, sie wurde nie wieder aufgebaut.

Heute zeugen nur noch Mauerreste der Ringmauer und des Wohnturms von der einstigen Raubritterburg. Nordöstlich der Burg befindet sich ein tiefer Karsttrichter, der als „Teufelsgrube" bezeichnet wird und das Burggelände vom anstehenden Berg trennt. Unterhalb der Burg wurde im Jahr 1865 die berühmte Barbarossahöhle entdeckt, die heute ein Besuchermagnet ist; die Burgruine darüber wurde vergessen.

Burgruine Susenburg

Die Susenburg, die mitunter auch Sausenburg genannt wurde, liegt zwischen Königshütte und Rübeland. Ihr Standort ist ein Bergsporn 479 Meter über Normalnull, direkt über dem Tal der Kalten Bode. Unmittelbar vor der Burgruine macht die Bode, aus Richtung Königshütte kommend, eine große Schleife. Nach der Burg wurde auch die am Fuße der Burg liegende Siedlung benannt, ein Ortsteil von Rübeland, der heute ein Stadtteil der Stadt Oberharz am Brocken ist. Diese Wohnsiedlung wurde in den 50-er Jahren erbaut, um für die Arbeiter in den nahe gelegenen Tagebauen ortsnahen Wohnraum bereitstellen zu können.

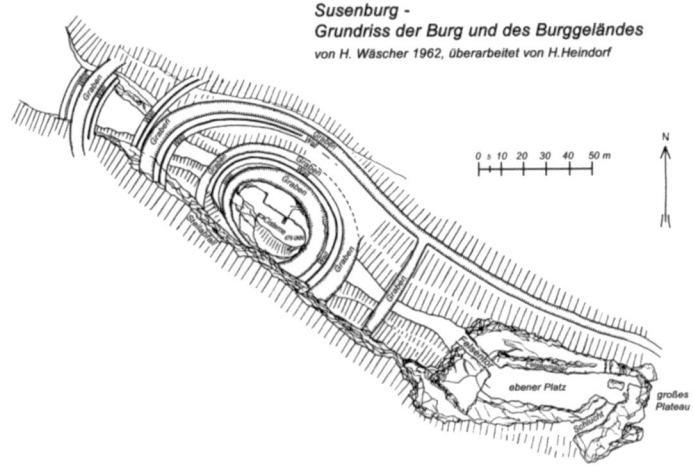

Susenburg -
Grundriss der Burg und des Burggeländes
von H. Wäscher 1962, überarbeitet von H.Heindorf

Die Susenburg bei Rübeland/Harz

Über die Entstehung, die Erbauer und auch den Zweck der Burganlage wissen wir fast nichts. Keine einzige urkundliche Nennung ist bis heute bekannt, die etwas Licht ins Dunkel bringen könnte. Wie müssen uns also auf Mutmaßungen und Hypothesen einlassen. Einige Fachleute gehen davon aus, dass diese Burg, die groß, wehrhaft und aufwendig geplant war, nie fertig gestellt wurde. Mitte des 20. Jahrhunderts wurde 400 Meter nordöstlich der Burg eine mittelalterliche Dorfstätte bei Bauarbeiten entdeckt. War die Susenburg, die direkt über der Trogfurt am Königsstieg errichtet wurde, eine Reichsburg, die als sichere Bastion für die häufigen Jagdausflüge von König und Hochadel in den Hochharz diente? Eine Gründung in der Zeit der Liudolfinger oder Salier ist anzunehmen, wobei ich vermute, dass diese 170 x 60 Meter umfassende Anlage bereits unter Heinrich I. oder Otto dem Großen begonnen wurde.

Die Susenburg liegt etwa 67 Meter über dem Tal und gewährleistet einen guten Blick und Überblick. Wer in den Hochharz wollte, kam nicht unbemerkt durch dieses Tal.

Eine erste Erwähnung der Susenburg erfolgte für 1265 bis 1285 als Holzstätte der Grafen von Regenstein. Dann ist eine Erwähnung im Inventar der Stolbergschen Hüttenwerke für das Jahr 1555 verbrieft, die auch einen Bergfried auf der Burg erwähnt. Ab 1715 wird die Burg dann als wüst bezeichnet.

Heute ist die Burgruine eine Station an dem historischen Wanderweg der „Deutschen Kaiser und Könige im Mittelalter". Ein sehr zu empfehlendes Teilstück diese Weges übrigens, das Historie und wunderschöne Landschaften miteinander verbindet und beim Wanderer garantiert keine Langeweile aufkommen lässt.

Höhenzug, Burgruine und Höhle Lichtenstein

Er ist einer von zahlreichen kleinen Höhenzügen im südwestlichen Harzvorland. Er liegt zwischen Förste und Dorste, bei Osterode, heißt Lichtenstein und ist 261 Meter hoch. Nichts Besonderes also!

Aber auf der kreisrunden Bergkuppe stand einst eine stolze Burg, benannt nach dem Höhenzug: die Burg Lichtenstein. Die Burganlage, mit einem Durchmesser von etwa 90 Meter, wurde urkundlich erstmals im Jahre 1404 erwähnt. Das Jahr der Erbauung ist nicht bekannt, bisher wurden auch noch keine archäologischen Untersuchungen vorgenommen. Von der kreisrunden Anlage, die dem frühen Typ der niedersächsischen Rundburg ähnelt, ist auch kein Bauherr überliefert. Zur Zeit ihrer ersten Nennung war sie im Besitz von Herzog Erich von Braunschweig-Grubenhagen.

Im Jahr 1439 wurde die Burg pfandweise an den Ritter Herwig von Ütze vergeben, der ein Raubnest daraus machte und mehrfach die Stadt und Region Goslar überfiel. Als Ergebnis startete Goslar einen Vergeltungskriegszug und eroberte die Burg, wobei diese abbrannte, kurze Zeit später aber wieder aufgebaut wurde. Im Jahr 1481 wurde die Burg an den Grubenhagenschen Ritter Ludolf von der Linde verpfändet.

Burg Lichtenstein bei Förste am Harz um ...

Bereits im Jahr 1507 erfolgte eine weitere Verpfändung an Hans und Albrecht von Lauthorst. Eine letzte urkundliche Nennung der Burg erfolgte 1567, aus der zu schließen ist, dass die Burg zu diesem Zeitpunkt bereits verlassen und verfallen war. Nach 1626 soll Hans Warnecke aus Eisdorf, dem nach der Schlacht bei Lutter am Barenberge die Familie getötet wurde, die Burgruine als Raubnest genutzt haben. Der Legende nach wurde er gefangen und in Osterode hingerichtet.

Heute ist von der einstigen Burg, deren Zweck sicherlich einmal die Sicherung der alten Harzstraße Goslar-Osterode war, nur noch ein 9 Meter langes und 4,5 Meter hohes Mauerstück aus hellem Gipsgestein erhalten.

Aber der Lichtenstein birgt noch ein weiteres Geheimnis! Eine Sage berichtet von Menschen, die im Berg wohnen. Eines Tages ziehen sie ins Tal, um mit den dortigen Bewohnern ein rauschendes Fest zu feiern; sie verschwinden so plötzlich wie sie gekommen waren wieder im Berg. Im Jahr 1972 machten sich Harzer Heimatforscher auf, um nach einem Geheimgang unterhalb der Burgruine zu suchen. Sie entdeckten eine zirka 50 Meter lange, enge Naturhöhle, die später Lichtensteinhöhle genannt wurde. Ein Jahr später wurde der Höhleneingang verschlossen.

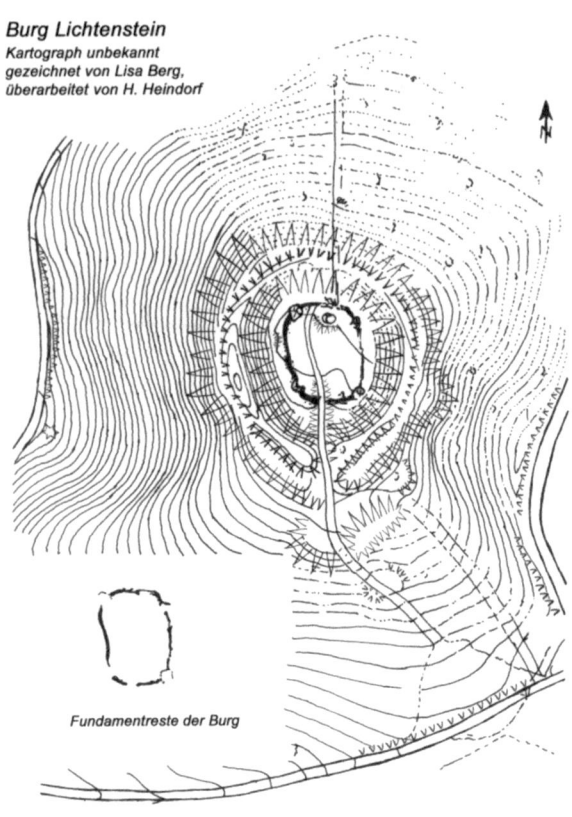

Burg Lichtenstein
Kartograph unbekannt
gezeichnet von Lisa Berg,
überarbeitet von H. Heindorf

N

Fundamentreste der Burg

Im Jahr 1980 entdeckten Höhlenforscher der AG Karstkunde Harz e.V. am Ende der bekannten Höhle fünf weitere Höhlenkammern, die durch enge Gänge miteinander verbunden waren. In diesen Höhlenkammern wurden sensationelle Funde in Form von Tausenden von menschlichen und tierischen Knochen, Bronzegegenständen und Keramik gemacht. Sensationell deshalb, weil diese Fundstätten zum einen seit Jahrtausenden ungestört und zum anderen durch das Höhlenklima ausgesprochen gut konserviert waren. Erste Untersuchungen an der Universität Göttingen ergaben, dass Knochen von mindestens 40 Menschen im Alter von 4 bis 60 Jahren geborgen worden waren. Inzwischen sind die Knochen von 20 weiteren Menschen sowie Keramik, Schmuck, Pflanzenreste und Tierknochen im bisher unbekannten, bronzezeitlichen Höhlenzugang gefunden.

In den Folgejahren wurden die Menschenknochen sowie die Beifunde interdisziplinär untersucht. Erstes Ergebnis – es waren bronzezeitliche Menschen. Auch wurden die Knochen konserviert und einem DNA-Test unterzogen. Die ersten Ergebnisse dieser Forschungen, die bis heute nicht abgeschlossen sind, waren spektakulär. Es konnten 22 Menschen DNA-typisiert und daraus eine Großfamilie über drei Generationen abgeleitet werden. Das brachte die Forscher auf die außergewöhnliche Idee, regional nach Nachfahren dieser Bronzezeitfamilie zu suchen. Dazu wurde im Raum Osterode nach alteingesessener Bevölkerung gesucht, die bereit war, einen DNA-Test zu machen. Von etwa 300 Personen wurden dann DNA-Proben entnommen und mit den Ergebnissen der Bronzezeitmenschen verglichen.

Dann die wissenschaftliche Sensation: 2 Männer wurden als entfernte Verwandte ermittelt, abstammend über etwa 120 Generationen vom selben Mann, eindeutig wie ein Vaterschaftstest. Somit hat der Harz eine Novität in der Wissenschaftswelt, den ältesten nachgewiesenen Stammbaum der Welt. Umfangreiche Informationen dazu gibt es im neu gebauten Iberger Höhlenerlebniszentrum in Bad Grund. Dort sind auch Fundstücke sowie die Rekonstruktionen der Vorzeitmenschen zu bestaunen.

Burgruine Erichsburg

Um die Erichsburg ranken sich zahlreiche Sagen und Legenden. Diese Sagenbildung bei Burgen ist oftmals dann der Fall, wenn die Menschen wenig über die Bedeutung einer Burg, deren Ursprung und über ihre Herren wissen. Auch von der Erichsburg, die nahe Friedrichsbrunn in Richtung Siptenfelde liegt, kennen wir weder den Erbauer, noch das Baujahr. An der alten Heerstraße, von Quedlinburg über Bad Suderode nach Siptenfelde, lag sie strategisch günstig auf dem Erichsberg, einem Südhang des Ramberges, zur Wegesicherung.

Friedrichsbrunn war zu jener Zeit als Ort noch nicht existent, die Burg lag also tief im Harzforst verborgen.

Die Burg hatte im 12./13. Jahrhundert bereits einen eigenen Adel: 1170 Henricus de Erichsberge; 1262 domini Thiderici et Henrici fratrum de Ereksberge, 1300 Henningus de monte Erici. Anfang des 14. Jahrhunderts kam die Burg dann in die Hände der Herren von Hoym. Im Jahr 1320 verkauften diese die Erichsburg an die Grafen von Stolberg, welche sie fünf Jahre später als Lehen an das Stift Halberstadt gaben, aber weiterhin im Besitz blieben. Überliefert ist, dass sich die Burg zu einem Raubnest entwickelte und die Burgbesatzung im weiten Umkreis Übergriffe auf Reisende und Handelsleute vornahm.

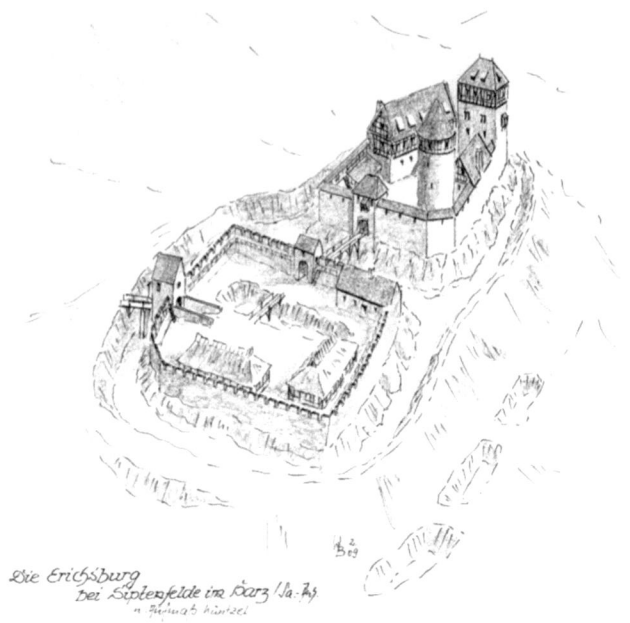

Die Erichsburg
bei Stolberg/elde im Harz / Ja-hs
n Böhme hinzei

Um dem Treiben Einhalt zu gebieten, verbündeten sich die Grafen von Hohnstein und von Schwarzenburg sowie die Städte Erfurt und Mühlhausen und eroberten die Burg. Dabei gerieten Graf Hermann von Stolberg und sein Burgvogt, Heinrich von Werther, in Gefangenschaft. Die beiden Adligen wurden enthauptet, was von sehr schweren begangenen Verbrechen zeugt, denn eine derartig drakonische Strafe für Adlige war die Ausnahme. Die 20 Söldner der Burgbesatzung wurden gehängt und die Erichsburg zerstört. Diese Ereignisse sind für das Jahr 1345 überliefert. Ein Jahr später verfasste Graf Heinrich von Stolberg einen Sühnebrief, in dem er niederschrieb, dass er sich für angerichteten Schaden an Burg und Leben nicht rächen will.

Ob die Burg dann wieder aufgebaut wurde, ist nicht überliefert. Wohl aber, dass im 16. Jahrhundert die Herren von Anhalt-Bernburg die Burg und alle umliegenden Forste erwarben. Sie

begannen dann dort mit dem Bergbau im sogenannten „Erichsburger Gang". Ob die weitge-
hende Zerstörung der Burganlage, mit ihrer Kernburg von 30 Meter Durchmesser und der
Vorburg von 25 x 40 Meter, welche wohl auch mit einer Sprengung des Bergfrieds in Verbindung steht, in diesem Zusammenhang zu sehen ist, bleibt offen.

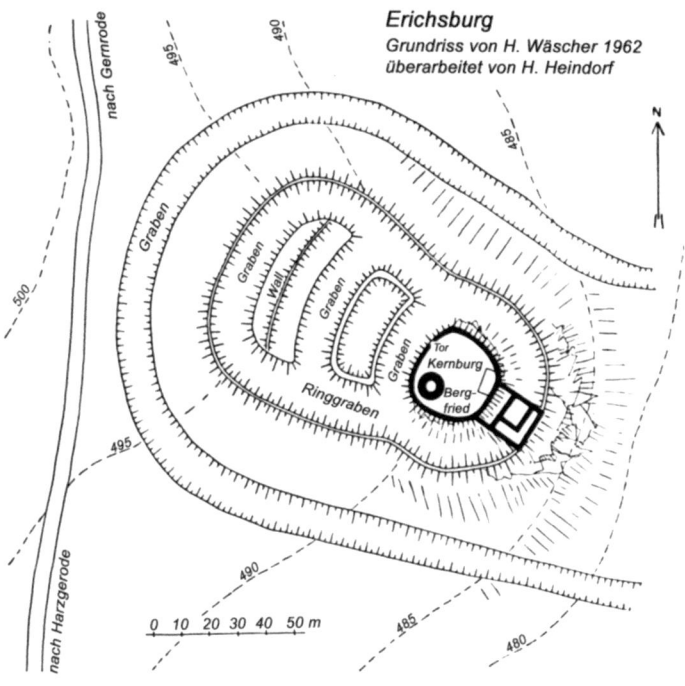

Erichsburg
Grundriss von H. Wäscher 1962
überarbeitet von H. Heindorf

Heute liegt die Ruine der Erichsburg an einem beliebten Wanderweg von Friedrichsbrunn
nach Siptenfelde und führt an dem Erichsburger Teich sowie an den ausgeschilderten Hinterlassenschaften des Erichsburger Bergbaues vorbei.

Die Roßtrappe und die Winzenburg

Hoch oben, über dem rechten Eingang des Bodetals bei Thale, liegt auf einem Hochplateau ein uraltes menschliches Siedlungsgebiet. Heute ist die „Roßtrappe" bekannt als Hotel und Ausflugslokal sowie die namengebende Roßtrappe als Standort einer grandiosen Aussichtsplattform über Bodetal und Harzvorland. Indes ist die eigentliche Roßtrappe nur ein Sandstein, mit einer Vertiefung in Form eines überdimensionalen Hufabdrucks. Viele Theorien und noch mehr Sagen gibt es zu diesem Steinmal, aber keine wissenschaftliche Erklärung. Da dieses Hochplateau schon vor über 5 000 Jahren besiedelt oder aber zumindest zeitweise genutzt wurde, wie archäologische Funde belegen, liegt es nahe, dass die „Roßtrappe" in heidnischer Zeit als eine Art Opferschale diente. Ob selbige natürlichen Ursprungs war oder von Menschen geschaffen wurde, ist eine der ungeklärten Fragen. Zur Roßtrappe selbst folgt im Band 3 ein separater Beitrag.

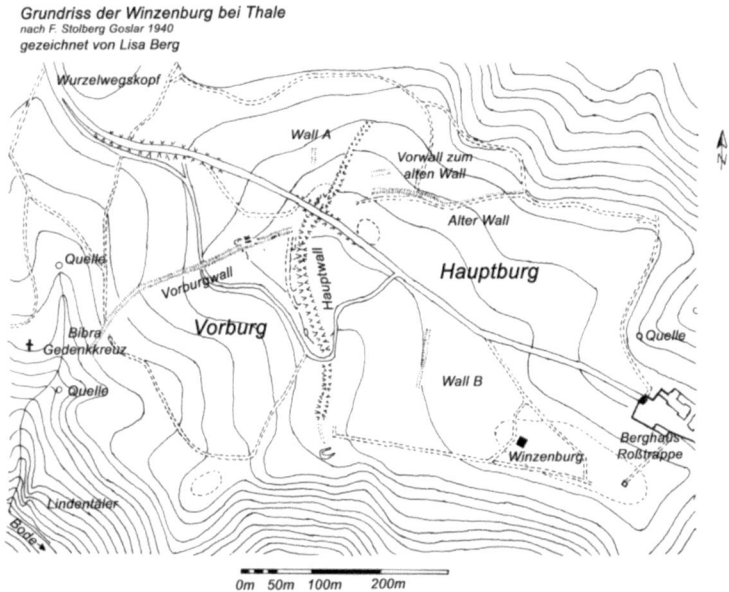

Grundriss der Winzenburg bei Thale
nach F. Stolberg Goslar 1940
gezeichnet von Lisa Berg

Viele archäologische Funde wurden im Thalenser Bodetal schon gemacht. Aber erst als die Archäologie Mitte des 19. Jahrhunderts zur Wissenschaft wurde, maß man Funden des Altertums auch die erforderliche Bedeutung bei. Es ist also nicht verwunderlich, dass zahlreiche

Funde zwar schriftlich überliefert, gegenständlich aber nicht mehr auffindbar sind. Als ältestes Fundstück gilt gemäß meiner Recherchen ein etwa 5 000 Jahre alter Mörser (Mahlstein). Auch noch ältere Steinwerkzeuge sollen gefunden worden sein, sind aber heute nicht mehr nachweisbar. Auch zahlreiche Metallartefakte aus Bronze- und Eisenzeit sind dort oben gefunden worden: Schwerter, Beile, Lanzen- und Pfeilspitzen, Sporen und verschiedenster Schmuck. War dieses Bergplateau in vorgeschichtlicher Zeit wohl eher eine Kult- und Begräbnisstätte, entwickelte es sich nach dem Beginn der Zeitrechnung wohl schrittweise zur Fluchtburg. Die menschlichen Siedlungen der Stammesverbände wurden stetig größer und auch eine gewisse Sesshaftigkeit setzte ein. Damit wuchsen die Erkenntnis und der Bedarf nach Schutzmaßnahmen. Etwa 1 000 Meter nördlich des Roßtrappenfelsens begannen unsere Vorfahren eine gewaltige Wallanlage zu errichten. Heidenwall genannt, sicherte er von Norden nach Süden den gesamten Gebirgskopf. Von diesem Hauptwall zogen sich Vor- und Nebenwälle in nordöstliche und nordwestliche Richtung und sicherten das Plateau bis zur Abbruchkante des Bodetals. Den äußersten südlichen Eckpfeiler bildete dabei der Roßtrappenfelsen.

Diese gesamte Befestigungsanlage wird heute als Winzenburg bezeichnet. Von einer Burganlage im herkömmlichen Sinn sind keine Reste mehr sichtbar. Auch schriftliche Quellen sind nicht bekannt. Somit ist auch unklar, wann und warum die Winzenburg aufgegeben wurde. Dieser Höhenzug über dem Bodetal war dann über Jahrhunderte aus dem Sichtfenster der Menschen verschwunden. Schwer zu erreichen und ohne Nutzen wurde die „Roßtrappe" erst mit dem Aufkeimen des Fremdenverkehrs Anfang des 19. Jahrhunderts neu entdeckt. Im Zuge der Erschließung und Bebauung der „Roßtrappe" zum Hotel- und Ausflugsstandort wurde in den dreißiger Jahren des vergangenen Jahrhunderts die heutige Straße erbaut. Dabei wurde der vorhandene Wall mehrfach durchschnitten und dabei archäologisch untersucht. Es stellte sich heraus, dass die Wallanlagen, die etwa 500 Meter lang und bis zu 6 Meter hoch sind, in mehreren Etappen errichtet wurden. Dabei wurde davon ausgegangen, dass die untere Schicht von 1 bis 2 Meter schon in der Jungsteinzeit errichtet wurde. Ein Ring oder eine niedrige Mauer aus Felsbrocken, die wohl als Steinsetzungen zum Eingrenzen eines Heiligtums anzusehen ist. Die obersten Schichten der Wallanlage stammen aus dem Mittelalter. Es wurden Mörtelreste darin gefunden, die auf zerstörte Baulichkeiten hinweisen. Eine weitere systematische Erforschung und wissenschaftliche Aufarbeitung steht bis heute aus.

Burg Falkenstein

Auch Harry Price, einer der schillerndsten Parapsychologen und sicherlich der Bekannteste seiner Zeit (von 1881 bis 1949), stellte Nachforschungen in der im östlichen Teil des Harzwaldes gelegenen Burg an. In seinem Buch „The Confessions of a Ghost-Hunter" beschreibt er unter anderem seinen Besuch auf Burg Falkenstein im Jahr 1935.

Vor und nach ihm erforschten und erkundeten viele diese Burg, ohne ihr alle Geheimnisse entlocken zu können. Um diese Burg, die sicherlich zu den schönsten und eindrucksvollsten Residenzen mittelalterlicher Baukunst zählt, ranken sich zahlreiche Sagen und Legenden. Eine davon ist die Legende von der Erbauung der Burg.

So soll Egeno II. von Konradsburg, Burgherr der gleichnamigen Burg bei Ermsleben, den Grafen Adalbert II. von Askanien-Ballenstedt ermordet haben. Wie es zu jener Zeit nach einem solchen Verbrechen üblich war, wandelte Graf Egeno II., als Buße, die Konradsburg in ein Kloster um. Und er baute sich eine neue Burg, den Falkenstein, im oberen Selketal, etwa

118

3,5 Kilometer südwestlich vom heutigen Meisdorf. Im Jahr 1115 war, 1,8 Kilometer in westlicher Richtung entfernt, die alte Burg Falkenstein im Kampf der Sachsenfürsten gegen Kaiser Heinrich V. zerstört worden.

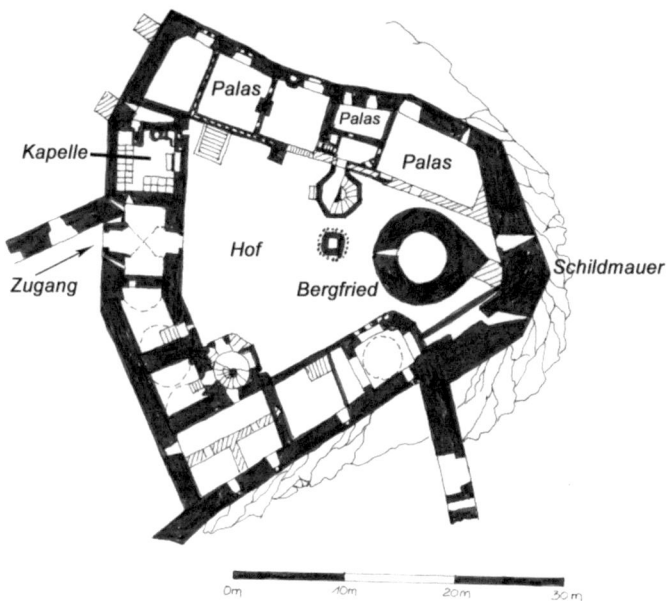

Grundriss der Kernburg Falkenstein
nach H. Wäscher 1962
gezeichnet von Lisa Berg

Der dänische Historiker Saxo grammaticus (gest. um 1208) überliefert, dass der Alte Falkenstein Sitz des kaiserlichen Feldhauptmanns Graf Hermann von Winzenburg war. Die Reichsburg wurde dann wohl aufgegeben. Um das Jahr 1120 gaben dann die Grafen von Konradsburg ihren alten Stammsitz auf und bezogen den neuen Stammsitz, den Falkenstein; sie nannten sich fortan „Grafen von Valkenstein" und vom 12. bis ins 14. Jahrhundert spielten die Falkensteiner Grafen in der Harzregion eine gewichtige Rolle. Um das Jahr 1200 wurden die Falkensteiner mit der Vogtei Quedlinburg belehnt, die weiblichen Familienmitglieder wurden Äbtissinnen des Stifts Quedlinburg und des Münzenberger Klosters. Graf Hoyer von Falkenstein, der im Jahr 1251 starb, gilt als bedeutendster Förderer des Sachsenspiegel-Verfassers Eike von Repgow.

119

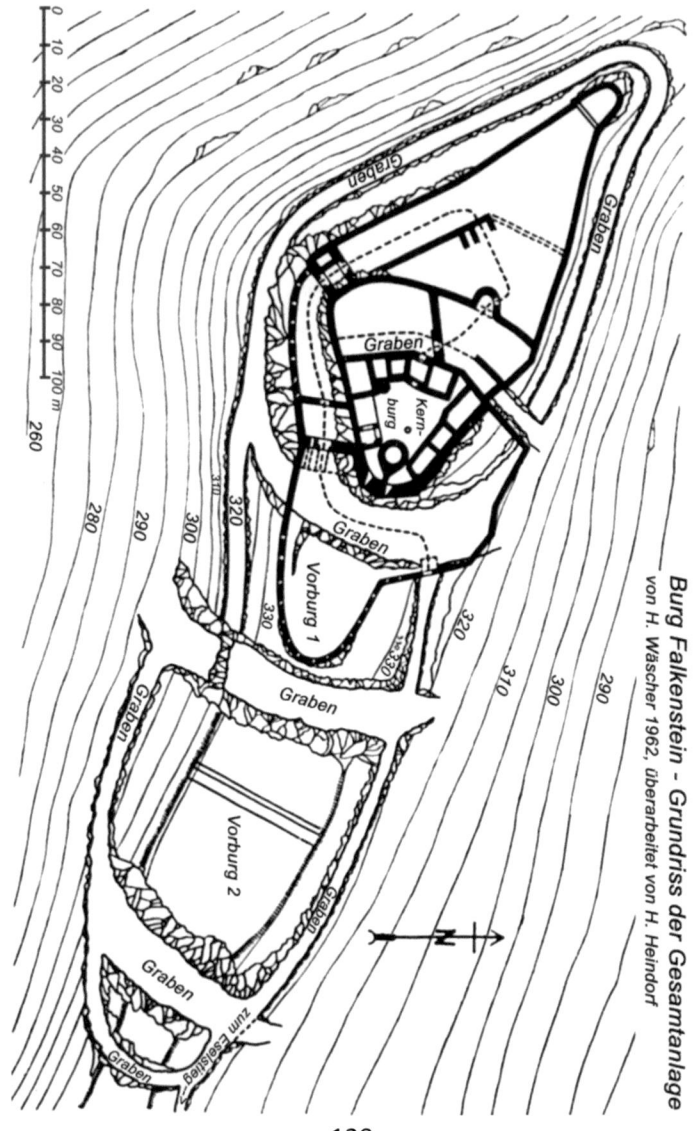

Burg Falkenstein - Grundriss der Gesamtanlage
von H. Wäscher 1962, überarbeitet von H. Heindorf

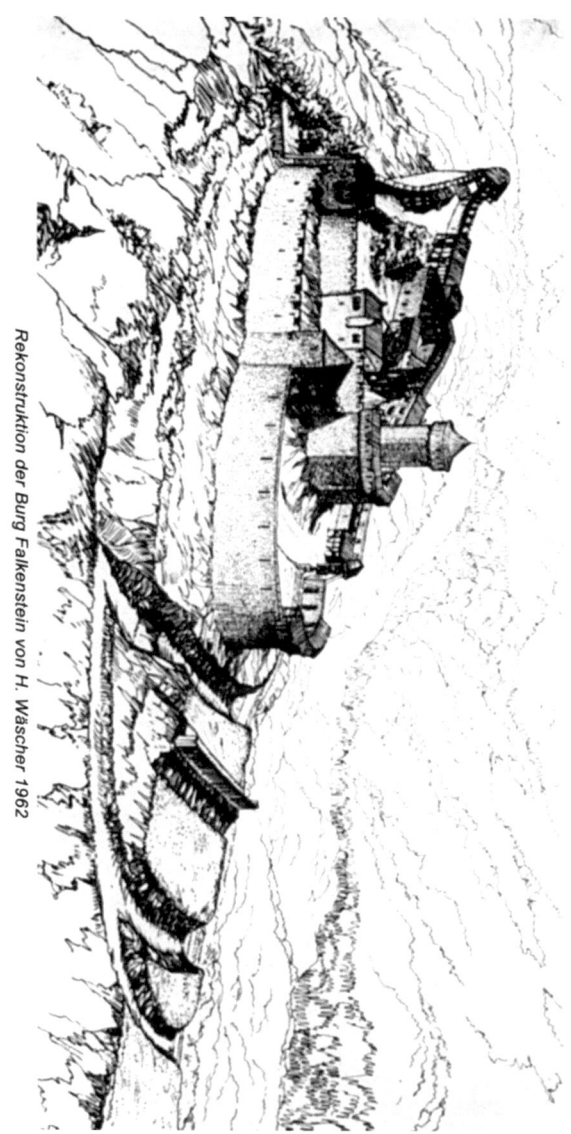

Rekonstruktion der Burg Falkenstein von H. Wäscher 1962

Vermutet wird auch, dass der Sachsenspiegel auf Falkenstein verfasst wurde, was in folgendem Vers des Sachsenspiegels seine Begründung findet: „Nun danket allgemein dem Herrn von Falkenstein, der Graf Hoyer ist genannt, dass in deutscher Sprache ist gewandt dieses Buch durch seine Beth, Ecco von Rebkau es that." Im Jahr 1332 übereignete Graf Burchard, letzter seines Geschlechts, den Falkenstein dem Domstift zu Halberstadt. Im Jahr 1437 erhielten die Mansfelder Grafen von der Asseburg den Falkenstein als Lehen. Ab dem Jahr 1480 erhielten die Asseburger die Grafschaft Falkenstein als Erblehen und blieben bis zum Jahr 1945 in deren Besitz.

Gelegen ist sie auf einem 335 Meter über Normalnull liegenden Bergsporn, am rechten Ufer der Selke. Die Steilhänge in nördlicher, westlicher und südlicher Richtung haben ein Gefälle zwischen 35 bis 55 Grad. Die Burganlage kann mit ihren Abmaßen von 310 x 90 Meter als mittelgroß angesehen werden. Die Kernburg, der Tor- und Zwingeranlagen sowie drei Vorburgen vorgeschaltet sind, misst 40 x 40 Meter. Der wehrhafte Bergfried, im Zentrum der Kernburg, ist 31 Meter hoch und hat einen Durchmesser von 8,5 Meter, bei 2 Meter Mauerdicke. Die Burganlage wurde im Laufe des 14. bis 17. Jahrhunderts mehrfach erweitert und umgebaut und vereint ein Ensemble verschiedener Baustile. Ein Besuch der Burg Falkenstein ist aus mehreren Gründen sehr zu empfehlen.

Die Burganlage ist schlicht beeindruckend und hinterlässt ein mystisches Bauchgefühl. Das Museum auf der Burg präsentiert restaurierte und in ihren Originalzustand zurückversetzte Räumlichkeiten. Genannt seien hier der Rittersaal mit der reich gedeckten Tafel, die voll funktionstüchtige „alte Küche", die Herrenstube mit dem Pleyel-Hammerflügel und die Burgkapelle mit ihren einmaligen hochmittelalterlichen Glasfenstern.

Seit einiger Zeit wird auf der Burg wieder die uralte Kunst der Falknerei betrieben und bietet den Besuchern ein attraktives Programm. Auch bietet die Burg mit ihrem, in altem Glanz erstrahlenden Königszimmer, ein attraktives Ambiente für Heiratswillige. Vom zentralen Parkplatz am Gartenhaus kann der Besucher die Burg zu Fuß (ca. 2 km) oder mit einer Pferdekutsche erreichen. Und für die leiblichen Genüsse lädt die Burggaststätte „Zum Krummen Tor" ein.

Übrigens ist das geheimnisvolle „Spuckbett" zu sehen, mehr möchte ich jetzt aber nicht verraten. Schauen Sie doch einfach mal vorbei!

Die Burgruine Hohnstein

Es ist ein außergewöhnlicher Bergsporn am Südharzrand, den sich Konrad von Sangerhausen für den Bau seiner Burg auserkoren hatte. Ein genaues Baudatum ist nicht überliefert, aber es fällt wohl in die Zeit des staufisch-welfischen Thronstreites. Erstmals urkundlich erwähnt wurde die Burg im Jahr 1202.

Der Bauherr, der sich dann Konrad von Hohnstein nannte, verstarb jedoch im Jahr 1145 ohne männlichen Erben. Damit war das erste Hohnsteiner Geschlecht erloschen. Als Erbschaft fiel die Burg dann an Konrads Schwiegersohn, den Grafen Heske von Orlamünde, der aber auch keinen Sohn als Erben hatte. Burg und Grafschaft fielen nun an die Verwandten des Ilfelder Geschlechts, die sich fortan auch Grafen von Hohnstein nannten. Ähnlich wie zuvor die Thüringer Landgrafen, bauten die Hohnsteiner schnell einen beträchtlichen Machtbereich auf und erlangten die Vorherrschaft im Südharz; ebenso auch Gebiete bei Gotha, Arnstadt sowie im Thüringer Becken zählten nun zu ihrem Herrschaftsbereich.

Das zweite Geschlecht der Hohnsteiner Grafen hatte seine Blüte im 13. Jahrhundert. Dann trat im Jahr 1315 eine Erbteilung ein, die einen erheblichen Bedeutungsverlust mit sich brachte.

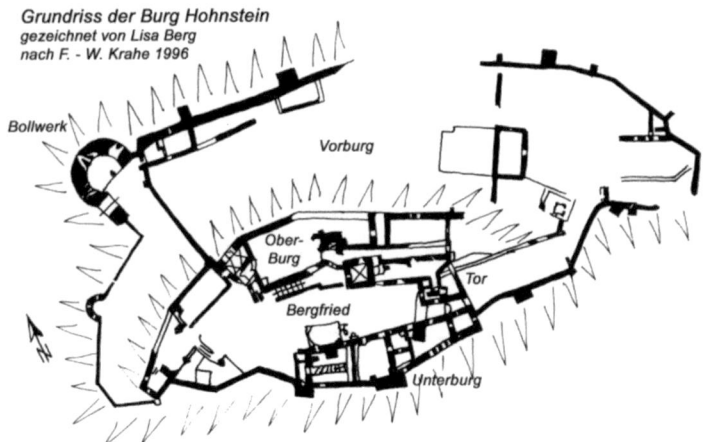

Grundriss der Burg Hohnstein
gezeichnet von Lisa Berg
nach F. - W. Krahe 1996

Bollwerk

Vorburg

Ober-
Burg

Tor

Bergfried

Unterburg

Die Burg Hohnstein selbst war militärisch veraltet und wurde sogar zweimal erobert. Kein Wunder also, dass die Burg mehrfach umgebaut und modernisiert wurde.

Im Jahr 1413 wurde die Burg von den Grafen von Stolberg gekauft, die zu jener Zeit das neue, starke Adelsgeschlecht im Südharz waren. Und auch die Stolberger bauten die Burg weiter aus, allerdings mehr zum Schloss, im repräsentativen, aber wehrhaften Renaissancestil. In dieser Zeit wurde der Hohnstein zu einer der größten Burganlagen der Harzregion. Dann kam der Dreißigjährige Krieg, und im Jahr 1627 setzten die kursächsischen Truppen unter Oberstleutnant Vitzthum von Eckstedt die Burg in Brand, nachdem sie selbige ausgeplündert hatten. Dieser Weihnachtsabend im Jahre 1627 besiegelte das Ende der Burg Hohnstein.

Aber diese großartige Burganlage, die so viel Harzgeschichte geschrieben hat, faszinierte die Menschen über die Jahrhunderte weiter. Sie war für viele Gelehrte eine Reise wert und später ein beliebtes Ausflugsziel für Einheimische und Gäste.

Unterhalb der Burgruine Hohnstein, die im Helme-Gau bei Neustadt/ Harz auf einer Höhe von zirka 400 Meter über Normalnull liegt, wurde im Jahr 1908 ein Gasthaus erbaut.Im Jahr 1990 wurde mit der Sicherung und Konservierung der beeindruckenden Burgruine begonnen; auch das Gasthaus wird heute wieder bewirtschaftet. Die Burg Hohnstein verbreitet eine mystische Atmosphäre, die jeden Besucher in ihren Bann zieht.

Die Burgruine Windhausen

Auch von dieser eindrucksvollen Burganlage sind, wie von so vielen anderen auch, weder Bauherr noch Baujahr überliefert. Die Burg, die auf einem Bergsporn mitten im gleichnamigen Ort Windhausen liegt, der zur Samtgemeinde Bad Grund gehört, wurde erstmals im Jahr 1134 erwähnt. Die 30 x 40 Meter umfassende Burganlage liegt exponiert in 230 Meter über Normalnull direkt zwischen den Harzflüssen Schwarzes Wasser und Schlungwasser.

Ritter Werner von Berkefeld war damals der erstgenannte Burgherr auf Burg Windhausen, die den Herzögen von Braunschweig-Grubenhagen gehörte. Ab dem Jahr 1175 wird dann bereits ein eigener Adel von Windhausen genannt, deren erste Vertreter die Brüder Friedrich und Wilhelm waren. Danach, um 1198, fiel die Burg an den Grafen Basilius von Osterode. Dieser hatte drei Söhne und teilte seine Besitzungen, indem er seinen beiden älteren Söhnen Osterode gab und dem Jüngsten die Burg Windhausen. Er nannte sich dann Basilius von Wendhausen und wurde im Jahre 1221 erwähnt.

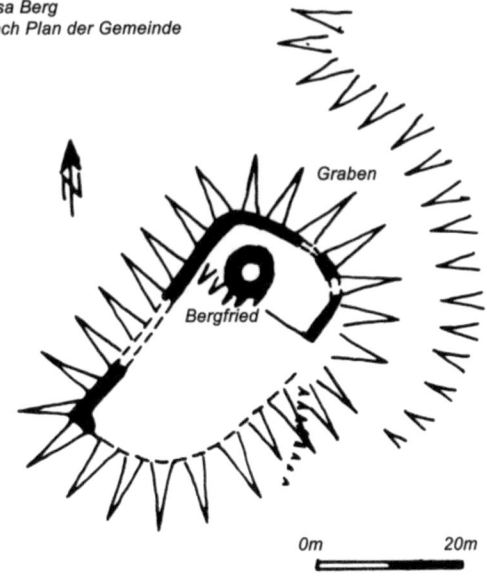

Grundriss der Burg Windhausen
Lisa Berg
nach Plan der Gemeinde

Graben

Bergfried

0m   20m

Zu jener Zeit, im 13. und 14. Jahrhundert, hatte die Burg große strategische Bedeutung, denn sie lag in unmittelbarer Nähe zu den Bergwerken von Grund und auch zur Thüringer Heerstraße. Im Jahr 1338 wurde dann die Burg Windhausen erstmals erwähnt, 1365 kam es zu einer Fehde zwischen dem Herzog von Grubenhagen und dem Erzbischof von Mainz, in deren Ergebnis die Burg vorübergehend in die Hände des Landgrafen von Thüringen kam. Es wird angenommen, dass in dieser Fehde, in der über 13.000 Mann der erzbischöflichen Truppen die Burg sowie die umliegenden Grubenhagenschen Burgen belagerten, Teile der Burganlage zerstört oder stark in Mitleidenschaft gezogen wurden. Die Burg war zwar ab dem Jahr 1381 wieder in welfischem Besitz, hatte aber in der Folgezeit zahlreiche wechselnde Lehens- oder Pfandbesitzer. Auch verlor sie Zusehens ihre strategische Bedeutung, so dass sie wohl in Verfall geriet. Jahrhunderte lang schweigen dann die Quellen. Seit Ende des 18. Jahrhunderts war die Burg Windhausen dann im Besitz der Herren von Koch.

Seit dem Jahr 1863 war dann die inzwischen zur Ruine gewordene Burg im Eigentum der Gemeinde Windhausen.

Heute umfasst die Burgruine noch einen zirka 30 Meter langen Teil der 1,2 Meter dicken und 6 Meter hohen Ringmauer sowie Reste des Bergfrieds, der als Erbbegräbnis der Familie von Koch umgebaut wurde. Da das Umfeld der Burg von Baum- und Strauchbestand befreit wurde, bietet sich heute ein freier Rundblick, der die Burgruine wieder zu einem empfehlenswerten Wanderziel macht.

Stiftsburg Quedlinburg

Der Quedlinburger Schlossberg besitzt eine exponierte topographische Lage im nordöstlichen Harzvorland, die schon unsere Vorfahren in der Steinzeit veranlasste, diesen Platz zu nutzen. Vermutet wird, dass seitdem dieser Berg durchgehend besiedelt war. Aber nicht nur die Vorgeschichte, auch das Frühmittelalter und damit die Geschichte der Gründung Quedlinburgs liegen für die Geschichtsforscher noch immer im Nebel und geben Rätsel auf.

Als sicher gilt, dass die Liudolfinger, die später Ottonen genannt wurden, eine Siedlung vom Kloster Hersfeld übernommen haben und diese ausbauten. Die erste urkundliche Erwähnung stammt von Heinrich I. aus dem Jahr 922. Aber das ursprüngliche Liudolfingische Anwesen, das dann Königspfalz wurde, lag am Fuße des Schlossberges und war das Wipertikloster.

Da Heinrich aber bereits im Jahr 919 König wurde, kann angenommen werden, dass die Liudolfinger das Quedlinburger Anwesen bereits gegen Ende des 9. Jahrhunderts übernahmen. König Heinrich I. muss diesen Besitz besonders geliebt haben. Damals gab es noch keine festen Residenzen, die Herrscher zogen immer von Pfalz zu Pfalz durch ihr Reich. Nirgends hielt sich der erste deutsche König aber so häufig auf, wie in Quedlinburg.

Man kann also mit Fug und Recht von seiner Lieblingspfalz sprechen. Heinrich I. war es dann, der den Schlossberg mit einer neuen Befestigung versehen ließ, die Pfalzkirche erbaute und zahlreiche Wohngebäude errichten ließ. Wann das genau war, ist nicht belegt. Angenommen werden kann aber, dass König Heinrich spätestens mit dem Erlass seiner „Burgenordnung" im Jahr 926 – auf dem Reichstag in Worms – mit diesen Baumaßnahmen begonnen hat. Im Hochmittelalter war Quedlinburg die Metropole des Reiches.

In dem Zeitfenster von 922 bis 1207 sind 69 Besuche von 16 deutschen Königen und Kaisern auf der Quedlinburger Pfalz zu verzeichnen gewesen, einmalig in Deutschland. Im Jahr 929 schenkt der König seiner Gemahlin, Königin Mathilde, die Quedlinburg als Witwengut. Ob er da schon wusste, dass er einmal in seiner Pfalzkirche begraben wird? Aber zunächst fand im Jahr 929 noch die glamouröse Hochzeit seines Sohnes Otto mit Editha v. England statt. Sieben Jahre später schloss König Heinrich in seiner Pfalz Memleben für immer die Augen. Heinrich I. wurde wunschgemäß in der Pfalzkapelle auf dem Burgberg beigesetzt und seine verwitwete Gemahlin Mathilde organisierte den andauernden Gottesdienst am Grab des verstorbenen Königs.

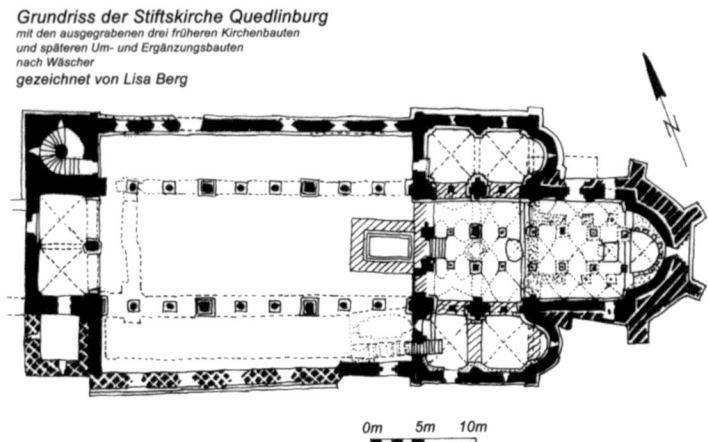

Grundriss der Stiftskirche Quedlinburg
mit den ausgegrabenen drei früheren Kirchenbauten
und späteren Um- und Ergänzungsbauten
nach Wäscher
gezeichnet von Lisa Berg

0m   5m   10m

Dazu wurden vereinbarungsgemäß die Güter der Königspfalz in ein Damenstift überführt. Die Absicherung dieser Stiftung war erstklassig, denn Oberhoheit und Schutz unterstanden direkt dem deutschen König. Hier residierte, bis zu ihrem Tod im Jahr 968, Königsmutter Mathilde; ihr Sohn, König Otto I., dieser war Quedlinburg gleichfalls sehr eng verbunden. Von seiner Romreise zur Kaiserkrönung brachte Kaiser Otto dem Quedlinburger Stift um das Jahr 962 zahlreiche Reliquien mit, unter anderem die des Heiligen Servatius, nach dem die Stiftskirche dann benannt wurde.

Mit dem Herrschaftsantritt von Otto II. sowie von dessen Sohn Otto III. zum Ende des 10. Jahrhunderts wurde die Pfalz zur Residenz der Ottonen und unter Kaiser Otto III. sogar zum Machtzentrum des Kaiserreiches. Im Jahr 1021 wurde der neue Kirchenbau, von dem der westliche Teil der Krypta und die Nicolaikapelle erhalten sind, eingeweiht. Kaiser Heinrich II. mit Gemahlin Kunigunde sowie einer großen Anzahl geistlicher und weltlicher Herrscher und Würdenträger nahmen an dem pompösen Festakt teil. Auch König Konrad II. und Heinrich IV. besuchten in den Folgejahren die Quedlinburg.

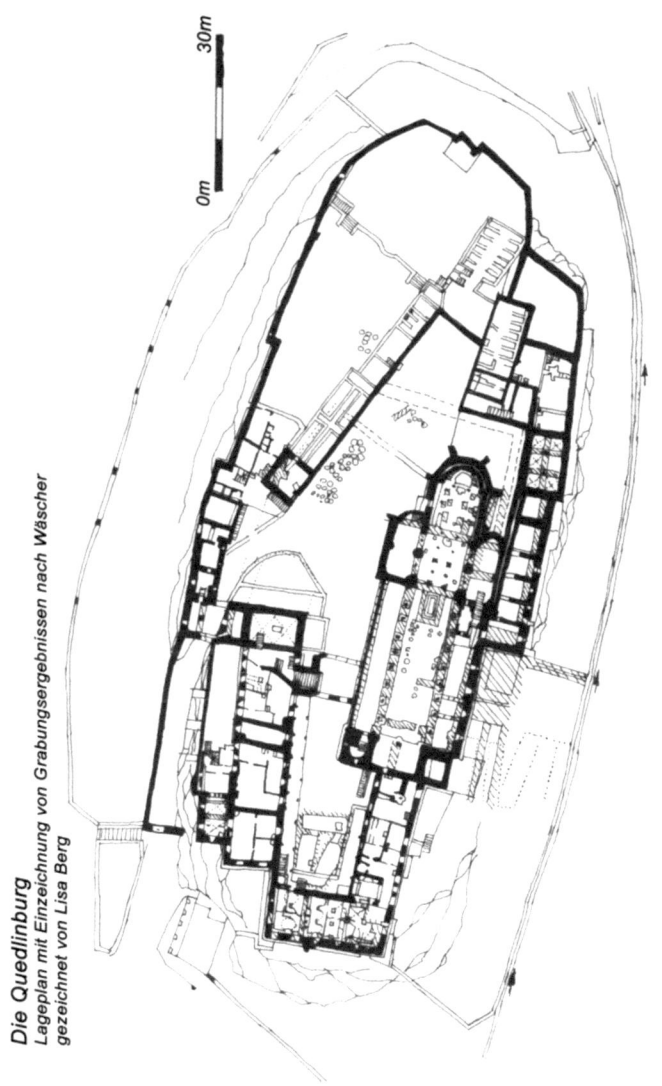

Die Quedlinburg
Lageplan mit Einzeichnung von Grabungsergebnissen nach *Wäscher*
gezeichnet von *Lisa Berg*

30m

0m

129

Ein verheerender Großbrand vernichtete im Jahr 1070 Burg und Stift fast vollständig. Bis 1129 dauerte es dann, bis die neue Stiftskirche unter König Lothar von den Bischöfen von Hildesheim und Minden geweiht werden konnte. Ein weiteres geschichtsträchtiges Ereignis war die Zusammenkunft von Kaiser Barbarossa mit Heinrich dem Löwen in Quedlinburg im Jahr 1181. Im 13. Jahrhundert beginnt der Stern der Quedlinburg unterzugehen. Die Stiftsburg wurde zum Teil entfestigt. Fortan, mit Ausnahme einer letzten Fürstenversammlung im Jahr 1467, spielte Quedlinburg politisch nur noch eine geringe Rolle. Baugeschichtlich wurde der Stifts-Chor 1320 gotisch umgebaut.

Ausschnitt aus Kupferstich „Quedlinburg 1647" von M. Merian (eigenes Archiv)

Im Jahr 1477 kam es zu Diskrepanzen zwischen der Stadt und dem Stift, die in Kämpfen endeten und Zerstörungen im Stift zur Folge hatten – die Stadt musste dann aber die Beseitigung der Schäden an der Stiftsburg übernehmen. Von Mitte des 16. Jahrhunderts bis Mitte des 18. Jahrhunderts wurden zahlreiche Reparatur- sowie Um- und Ausbauten an der gesamten Bausubstanz vorgenommen. Auch ging in dieser Zeit die Bedeutung von Damenstiften stark zurück, was dazu führte, dass dieses Stift 1802 aufgelöst wurde und in preußischen Besitz gelangte. Es folgte von 1866 bis 1888 eine Grundinstandsetzung der Stiftskirche durch Preußen. Im Jahr 1928 wurde die Stiftsburg der Stadt Quedlinburg übereignet. Seit dieser Zeit wird am Schlossberg sowie an der Stiftsburg fast ununterbrochen saniert, restauriert und repariert.

Heute zählt die Quedlinburger Stiftskirche zu den bedeutendsten sowie am besten erhaltenen hochromanischen Bauwerken und ist weit über die Grenzen Deutschlands hinaus bekannt.

Auch für die Geschichts- und Kunstgeschichtsforschung hat dieser romanische Bau überragende Bedeutung, wird er doch von Vielen als Zentrum der Wiege Deutschlands angesehen. Wenn Mauern reden könnten...!

Das Schloss Stiege

Das Schloss Stiege gehört sicherlich zu den wenig bekannten Schlössern aus alter Zeit im Harz und das wohl zu Unrecht, denn es zählt zu den wenigen erhaltenen Bauten des frühen Hochmittelalters. Gelegen am Südabhang des Unterharzes gab es dort eine sehr frühe Siedlung (vor Karl dem Großen) an einem alten Weg zur Harzquerung. Von diesem Stieg wird wohl der Name der Siedlung und später des Schlosses abgeleitet worden sein. Angenommen wird, dass das Schloss in der Herrschaftszeit Heinrich I. um das Jahr 919 erbaut wurde. Es wurde zu jener Zeit als Jagdschloss oder auch als Aufenthaltsort bei der Überquerung des Harzes genutzt.

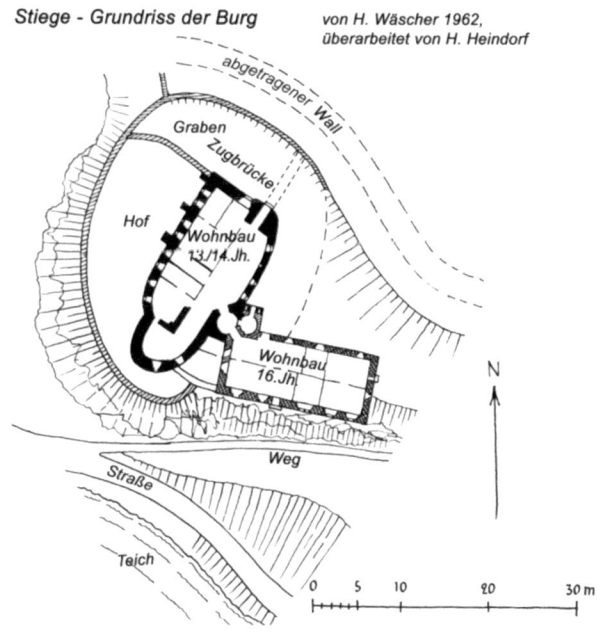

Stiege - Grundriss der Burg   von H. Wäscher 1962,
überarbeitet von H. Heindorf

Im Jahr 1203 erhielt Graf Siegfried von Blankenburg das Schloss von Kaiser Otto IV. für Waffentreue als Lehen. In der entsprechenden Urkunde werden auch zwei zu Stiege gehörige Dörfer genannt, Selkenfelde und Cobels, die heute wüst sind. Stiege war seit dieser Zeit – bis zum Jahr 1599 – Amtssitz und im Besitz der Grafen von Blankenburg-Regenstein. Das ursprüngliche Jagdschloss wurde umgebaut, befestigt und erweitert und zur gräflichen Residenz erhoben. Das Schloss besaß einmal vier Ecktürme, wovon heute nur noch der südwestliche erhalten ist. An der Bergseite befand sich ein tiefer Graben, über welchen eine 12 Meter hohe Zugbrücke geführt haben soll. Der Zugbrückenturm ist abgetragen und der Schlossgraben verfüllt.

Während des Bauernkrieges im Jahr 1525, der besonders heftig im Unterharz tobte, wurde das Schloss Stiege von Aufständischen belagert, konnte aber gehalten werden. Aus Rache brannten die Grafen von Blankenburg gegen Himmelfahrt 1525 das Dorf Allrode nieder, aus dem viele der Aufrührer stammten. Einige Blankenburger Grafen und Gräfinnen wohnten in Stiege, Graf Botho II. verlegte sogar seine Residenz nach Stiege und verstarb dort im Jahr 1594. Im Jahr 1599 verstarb der letzte Spross des Blankenburg-Regensteiner Grafengeschlechts, und die Lehensgrafschaft Blankenburg, mit Amt Stiege, fiel an das Herzogtum Braunschweig zurück.

Schloss Stiege vom See aus, Foto Sternal Media

Es folgte der Dreißigjährige Krieg, der ab 1625 auch auf den Harz übergriff. Auf ihrem Zug aus dem Herzogtum Braunschweig-Grubenhagen ins Bistum Halberstadt nahmen Wallensteins Truppen in Stiege Winterquartier. Wo diese Truppen durchzogen und sich niederließen, brachten sie Hunger und Not mit sich; sie führten die Pest mit, die das „große Sterben" brachte. In den drei Monaten ihres Aufenthalts starben in Stiege 290 Menschen. Später, um das Jahr 1644, folgten nochmals kaiserliche Truppen sowie Schweden, die erneut Dorf und Schloss plünderten. Die Bedeutung von Schloss und Amt Stiege nahm ständig ab.

In die Annalen ging im Jahr 1711 die Einweihung der neuen Kirche ein. Herzog Ludwig Rudolf von Braunschweig-Grubenhagen mit Hofstaat und Schwiegersohn Großfürst Alexius Petrowitsch weihten die Kirche ein und gaben ein großes Fest. Erneut großes Unheil und Not brachten die Napoleonischen Kriege. Besonders im Jahr 1806, nach der Schlacht von Jena und Auerstedt, flüchteten die geschlagenen Preußen und Sachsen in den Harz, verfolgt von einer großen Anzahl Franzosen. Diese quartierten sich zum Teil bis zum Jahr 1813 in Stiege und Umgebung ein und nahmen der Bevölkerung noch das Letzte.

Es folgte eine wechselvolle Geschichte, an deren Ende das Schloss Stiege an „Bürgerliche" verkauft wurde. Vor dem Zweiten Weltkrieg gehörte es einem Brasilianer, der aus einer Braunschweiger Familie stammte. Nach dem Krieg wurde das Schloss enteignet, es war fortan „Volkseigentum" der DDR. Saniert, erhalten und genutzt wurde es kaum. Das änderte sich leider auch nach der Wiedervereinigung nicht. Bis zum Jahr 2005, da erwarb ein Privatinvestor das altehrwürdige Gemäuer oberhalb des idyllischen Stieger Sees.

Literaturverzeichnis

Behme, Dr. Friedrich, Geologischer Harzführer Band 1 bis 6, Verlag der Hahnschen Buchhandlung, Hannover, 1926

Behrens, Hermann, Jahresschrift für Mitteldeutsche Vorgeschichte, Band 63, Deutscher Verlag der Wissenschaft, Berlin, 1981

Brüning, Prof. Dr. Kurt & Schmidt, Dr. Heinrich, Handbuch der historischen Stätten Niedersachsen/Bremen, Alfred Kröner Verlag, Stuttgart, 1969

Claus, Martin, Archäologie im südwestlichen Harzvorland, Verlag August Lax, Hildesheim, 1978

Denecke, Rolf, 3 weltgeschichtliche Ereignisse im Harzburger Dreieck, Verlag H. Greinert OHG, Clausthal-Zellerfeld, 1987

Dittmann, Fred, Burgen im Kyffhäusergebirge, Graphischer Kunstverlag „Kyffhäuser", Kelbra, 1990

Dresely, Dr. Veit, Meller, Dr. Harald, Lebenswege – Archäologie an der B6n, Landesamt für Denkmalpflege und Archäologie Sachsen-Anhalt, Selbstverlag, 2005

Engel, Carl, Bilder aus der Vorzeit an der mittleren Elbe sowie seinen Grenzlandschaften, Verlag August Hopfer, Burg, 1930

Fischer-Fabian, S., Die ersten Deutschen, Droemer Knaur Verlag, Locarno, 1975

Führer zu vor- und frühgeschichtlichen Denkmälern – Goslar und Bad Harzburg, Verlag Philipp von Zabern, Mainz, 1978

Führer zu vor- und frühgeschichtlichen Denkmälern – Südwestliches Harzvorland, Verlag Philipp von Zabern, Mainz, 1970

Günther, Fr., Monographie zur Erdkunde – der Harz, Verlag von Velhagen & Klasing, Bielefeld & Leipzig, 1924

Hahne, Prof. Otto, Die mittelalterlichen Burgen und Erdwälle am Okerlauf, Verlag Hans Ording, Braunschweig, 1965

Haller, Prof. Dr. Dr. Johannes, Der Eintritt der Germanen in die Geschichte, Verlag Walter de Gruyter, Berlin, 1945

Harzburger Altertums- und Geschichtsverein, Die Harzburg und ihr Gebiet, Verlag von F.A. Lattmann, Goslar, 1922

Harzburger Altertums- und Geschichtsverein, Der Nordharz, Verlag H.O. Rosdorff KG, Bad Harzburg, 1955

Harzklub, Monatszeitschrift „Der Harz", Jahrgänge 1920 - 1930, Verlag Johann Friedrich Eilers, Magdeburg

Häßler, Hans Jürgen, Ur- und Frühgeschichte Niedersachsens, Theiss Verlag, Stuttgart, 1991

Heckmann, Hermann, Historische Landeskunde Mitteldeutschlands, Verlag Weidlich, Würzburg, 1986

Herrmann, Prof. Dr. Joachim, Archäologie in der DDR – Denkmale und Funde, Band 2 Fundorte und Funde, Urania Verlag Leipzig - Jena - Berlin, 1989

Hessler, Wolfgang, Mitteldeutsche Gaue des frühen Mittelalters, Akademie-Verlag, Berlin, 1957

Hoffmann, Hans, Harzer Raubritter und ihre Burgen, Verlagsbuchhandlung Hoffmann, Bad Harzburg, 1998

Hoffmann, Hans, Der Harz, C.F. Amelangs Verlag, Leipzig, 1899

Hoffmann, Fr., Die Burgen und Burgfesten des Harzes, Verlag Gottfried Basse, Leipzig & Quedlinburg, 1836

Honemann, Rudolph Leopold, Die Alterthümer des Harzes, gedruckt bey Johann Heinrich Wendeborn, Clausthal, 1754

Kaemling, Werner, Atlas zur Geschichte Niedersachsens, Gerd J. Holtzmeyer Verlag, Braunschweig, 1987

Kempen, Wilhelm van, Die Harzburg – Residenzburg, Reichsburg, Dynastenburg, Verlag Wolfgang Weidlich, Frankfurt am Main, 1960

Korrespondenzblatt des Gesamtvereins der deutschen Geschichts- und Altertumsvereine, Jahrgang 1906, Nr.9

Krahe, Friedrich - Wilhelm, Burgen des Deutschen Mittelalters, Grundriss-Lexikon, Bechtermünz Verlag, 1996

Lauer, Henry A., Archäologische Wanderungen in Ostniedersachsen, Selbstverlag, 1971

Lindner, Heinrich, Geschichte und Beschreibung des Landes Anhalt, Band I -IV, gedruckt bei Chr. G. Ackermann, Dessau, 1833

Löffler, Fritz, Schloss- und Stadtkirche zu Mansfeld, Das christliche Denkmal Heft 117, Union Verlag, Berlin, 1983

Meyer, Karl, Die Burg Questenberg – Geschichte der Burgen und Klöster des Harzes, Verlag von Bernhard Franke, Leipzig, 1905

Meyer, Karl, Geschichte des Schlosses und Fleckens Stiege im Harz, Verlag von Fr. Eberhardt, Nordhausen, 1907

Mildenberger, Dr. Gerhard, Mitteldeutschlands Ur- und Frühgeschichte, Johann Ambrosius Barth Verlag, Leipzig, 1959

Mohr, Kurt, Sammlung geologischer Führer Harz, Gebrüder Borntraeger Verlag, Berlin – Stuttgart, 1998

Niedersächsischer Landesverein für Urgeschichte, Die Kunde, 1956 - 2010

Piper, Otto, Burgenkunde, R. Piper & Co. Verlag, München, 1912

Schellenbach, Ernst Ludwig, Thüringen ein Heimatbuch, Verlag Friedrich Brandstetter, Leipzig, 1923

Schnath, Dr. Georg, Vom Sachsenstamm zum Land Niedersachsen, Niedersächsische Landeszentrale 1930

Schneider, Dr. J., Vom Faustkeil bis zur Kaiserpfalz, 25 Jahre Bodendenkmalpflege im Bezirk Magdeburg, 1980

Schröder, Franz Rolf, Germanische Ur- und Schöpfermythen, Selbstverlag,

Schulze, Dr. Robert, Die jüngere Steinzeit im Köthener Land, Selbstverlag, Köthen, 1930

Schumann, Dr. Gottlob, Die Missionsgeschichte der Harzgebiete, Verlag der Buchhandlung des Waisenhauses, Halle, 1869

Schwantes, G., Aus Deutschlands Urgeschichte, Naturwissenschaftliche Bibliothek, Verlag von Quelle & Mener, Leipzig, 1921

Schwarz, Ralf, Pilotstudien – Luftbildarchäologie in Sachsen-Anhalt, Selbstverlag des Landesamtes für Archäologie Sachsen-Anhalt, 2003

Spier, Heinrich, Schlösser und Herrensitze in Niedersachsen, Verlag August Thuhoff, Goslar, 1980

Städtische Museen Quedlinburg, Selbstverlag, 1980

Stolberg, Dr.-Ing. Friedrich, Befestigungsanlagen im und am Harz von der Frühgeschichte bis zur Neuzeit, Harzverein für Geschichte und Altertumskunde e.V., August Lax Verlagsbuchhandlung, Hildesheim, 1968

Sydow, F.v., Thüringen und der Harz, Sondershausen, 1839-1844

Thielemann, Otto, Urgeschichte am Nordharz, Selbstverlag des Geschichts- und Heimatvereins Goslar e.V., 1977

Unverzagt, Prof. Dr. Wilhelm, Ausgrabungen und Funde, Band 1 Heft 5 1956, Band 4 Heft 1 1959, Band 5 Heft 1 1960, Band 10 Heft 1 1965, Deutsche Akademie der Wissenschaften, Berlin

Uslar, Prof. Dr. Rafael von, Die Germanen, Verlag Klett-Cotta, Stuttgart, 1980

Wäscher, Hermann, Die Baugeschichte der Burg Falkenstein im Selketal, Staatliche Galerie Moritzburg, Heft 5 1955

Wäscher, Hermann, Feudalburgen in den Bezirken Halle und Magdeburg, Band 1 und 2, Henschelverlag Kunst und Geschichte, Berlin, 1962

Woldstedt, Prof. Dr. Paul, Norddeutschland und angrenzende Gebiete im Eiszeitalter, K.F. Koehler Verlag, Stuttgart, 1950

Woltereck, Dr. K., Harzburgen, Verlag Hahnsche Buchhandlung, Hannover, 1926

Zander, Otto, Burg Scharzfels bei Scharzfels am Harz, Verlag Otto Zander, Herzberg/Harz, 1987,

Zander, Otto, Historische Streifzüge durch den Südwestharz, Verlag Otto Zander, Herzberg/Harz, 1974

Zaunert, Dr. Paul, Stammeskunde des Harzlandes, Verlag Eugen Diederichs Jena, 1928

Zeitschrift des Harz-Vereins für Geschichte und Altertumskunde, Jahrgang 1867 - 2015

Weitere Bücher aus dem Verlag Sternal Media

Burgen und Schlösser der Harzregion
Autoren: Bernd Sternal, Wolfgang Braun

Das Autorenteam um Bernd Sternal versucht, Ihnen mit diesen Büchern die von Mystik umwehten Relikte einer längst vergangen Zeit näher zu bringen. In einzigartiger Weise haben wir geschichtliche Fakten mit detaillierten Grundriss- und Rekonstruktionszeichnungen sowie historischen Stichen verknüpft.

Band 1: Geb. Ausgabe: ISBN: 978-3-8391-8878-1
Taschenbuch: ISBN: 978-3-8423-3947-7
Band 2: Geb. Ausgabe: ISBN: 978-3-8423-5024-3
Taschenbuch: ISBN: 978-3-8423-7730-1
Band 3: Geb. Ausgabe: ISBN: 978-3-8482-0809-8
Taschenbuch: ISBN: 978-3-8482-1841-7
Band 4: Geb. Ausgabe: ISBN: 978-3-7322-9149-6
Taschenbuch: ISBN: 978-3-7322-9181-6
Band 5: Geb. Ausg.: ISBN: 978-3-7347-3773-2
Taschenbuch: ISBN: 978-3-7347-3119-8

Sagen, Mythen und Legenden aus dem Harz
Autoren: verschiedene

Mythen, Sagen und Legenden prägen den Harz wie kaum etwas anderes, wir begegnen ihnen auf Schritt und Tritt. Wir haben sie gesammelt, ihnen ein modernes Kleid geschneidert und sie farbig illustriert um sie zu erhalten und weiter zu überliefern. Denn leider sind Erzählstunden nicht mehr all zu modern.

Band 1: Gebundene Ausgabe: ISBN 978-3-8391-2850-3
Taschenbuch: ISBN: 978-3-8391-2712-4
Band 2: Gebundene Ausgabe: ISBN: 978-3-8370-5893-2
Taschenbuch: ISBN: 978-3-8391-5059-7
Band 3: Gebundene Ausgabe: ISBN: 978-3- 8423-3486-1
Taschenbuch: ISBN: 978-3- 8423-3958-3
Band 4: Gebundene Ausgabe: 978-3-8482-2754-9
Taschenbuch: ISBN: 978-3 -8482-3082-2

Die Harz-Geschichte
Autor: Bernd Sternal

Der Harz als nördlichstes deutsches Mittelgebirge war zu allen Zeiten eine Kulturscheide. Daraus entwickelt hat sich eine einzigartige Kulturlandschaft, eine Symbiose aus verschiedensten Landschaftsformen und Vegetationsstufen sowie unterschiedlichsten menschlichen Siedlungsstrukturen. Dieses Mittelgebirge, mit seinen Vorlanden, in all den Facetten seiner Entwicklung vorzustellen, ist Anliegen dieser Bücher.

Band 1 : Von seiner geologischen Entstehung bis zur Zeit der Völkerwanderungen
Gebundene Ausgabe: ISBN: 978-3-8423-4263-7
Taschenbuch: ISBN: 978-3-8482-0263-8
Band 2: Das Früh- und Hochmittelalter:
Gebundene Ausgabe: ISBN: 978-3-8482-1339-9
Taschenbuch: ISBN: 978-3- 8482-0746-6
Band 3: Das Spätmittelalter:
Gebundene Ausgabe: ISBN: 978-3-7322-6348-6;
Taschenbuch: ISBN: 978-3-7322-6215-1
Band 4: Reformation, Bauernkrieg und Schmalkald. Krieg:
Gebundene Ausgabe: ISBN: 978-3-7357-5965-8
Taschenbuch: ISBN: 978-3-7357-5968-9
Band 5: Die Zeit des Dreißigjährigen Krieges:
Gebundene Ausgabe: ISBN: 978-3-7386-4027-4
Taschenbuch: ISBN: 978-3- 7386-3989-6

Die Region Quedlinburg im 9. und 10. Jahrhundert
Autor: Bernd Sternal

Von den Liudolfingern und von Markgraf Gero
Über den Allodialbesitz der Liudolfinger am Nordharz
Über den Aufstieg von Markgraf Gero
Warum die Region Quedlinburg zur Wiege des
Heiligen Römischen Reiches Deutscher Nation wurde

Wenig wissen wir bisher über die Besitzerlangung – Allodialbesitz- und die Besitzstrukturen der Liudolfingischen Sachsen in der Region Quedlinburg. Es gibt nur Mutmaßungen und Thesen an Hand der wenigen Quellen. Nachfolgend möchte ich meine persönliche These darlegen, die auf meinen umfangreichen Studien der Harzregion des 8. - 10. Jahrhunderts, sowie in den Jahrhunderten davor, beruht.

Taschenbuch: ISBN: 978-3-7357-1972-0